Mamas italienische Küche

Authentische Rezepte

Parragon
Bath · New York · Singapore · Hong Kong · Cologne · Delhi · Melbourne

Love Food ® is an imprint of Parragon Books Ltd

Konzept „Mama“: Dominic Utton
Projektmanagement: Faye Lloyd

Mama und alle erwähnten Charaktere sind fiktional. Ähnlichkeiten mit lebenden oder verstorbenen Personen sind rein zufällig und nicht beabsichtigt.

Die deutsche Ausgabe erscheint bei
Parragon Books Ltd
Queen Street House
4 Queen Street
Bath BA1 1HE, UK

Realisation der deutschen Ausgabe: trans texas publishing, Köln
Übersetzung aus dem Englischen: Kathrin Jurgenowski, Köln, u. a.
Lektorat: Freia Schleyerbach, Berlin

ISBN: 978-1-4075-9237-4
Printed in Indonesia

Hinweis

Sofern die Schale von Zitrusfrüchten benötigt wird, verwenden Sie unbedingt unbehandelte Früchte. Löffelmengen beziehen sich auf gestrichene Esslöffel (15 g) oder Teelöffel (5 g). Sofern nicht anders angegeben, wird Vollmilch (3,5% Fett) verwendet. Eier und Gemüse wie Kartoffeln sind grundsätzlich von mittlerer Größe, und mit Pfeffer ist frisch gemahlener schwarzer Pfeffer gemeint. Gerichte, die rohes oder sehr kurz gegartes Ei enthalten, sind für Kleinkinder, Schwangere oder durch Krankheit geschwächte Menschen nicht zum Verzehr geeignet. Zeitangaben sind als ungefähre Richtwerte zu verstehen.

Inhalt

Einleitung 8

Mamas einfache Gerichte 12

Mamas Festrezepte 52

Mamas Wohlfühlküche 92

Mamas Ausflug 134

Mamas Backtag 176

Danksagung 218

Register 220

Einleitung

Herzlich willkommen! Sie halten Mamas italienisches Kochbuch in den Händen. Dies ist nicht nur ein Kochbuch, sondern auch eine Sammlung an Familienweisheiten und ein kleiner Einblick in mein Leben. Meiner Meinung nach bilden Koch und Kochen eine Einheit: Gefühle, Leidenschaft, die Liebe und die Erfahrung eines Menschen – all das geht in das Essen über. So wird der Koch oder die Köchin Teil des Gerichts. Das bedeutet: Wer meine Rezepte versteht, versteht mich.

Ein paar Kleinigkeiten über mich: Alle nennen mich Mama. Ich führe einen großen, lauten, fröhlichen Haushalt in einem kleinen Dorf in Apulien, einer Region im Süden von Italien. Seit 56 Jahren bin ich mit Alberto verheiratet. Wir haben 6 Kinder, 22 Enkel und 8 Urenkel.

Mein ganzes Leben habe ich in diesem Dorf verbracht – so wie meine Mama, deren Mama und deren Mama vor ihr. Tradition bedeutet bei uns sehr viel.

Nirgendwo schlägt sich die Tradition deutlicher nieder als in der Küche. Eine Familie zu ernähren ist eine Kunst und eine Leidenschaft, die von Generation zu Generation weitergegeben wird. Ich bin stolz darauf, dass ich meiner Familie — auch in schweren Zeiten — stets anständiges, gesundes Essen servieren konnte.

Gutes Essen kann so einfach sein, dass ein schlichtes, sorgfältig und liebevoll zubereitetes Gericht es ohne Weiteres mit der Sterneküche in Rom und Mailand aufnehmen kann. In Mamas Küche gibt es nur ein einziges Bewertungskriterium: Wenn vier Generationen derselben Familie dasselbe Gericht verspeisen und nachher alle Teller restlos blank geputzt sind — dann hat Mama ihre Arbeit gut gemacht.

Natürlich koche ich nicht jeden Tag für meine 36-köpfige Familie (was übrigens ohne Alberto und mich, meine Cousinen, Cousins, Nichten oder Neffen gerechnet ist, die allerdings auch häufig mit am Tisch sitzen

oder mich in der Küche piesacken). Meine Kinder haben inzwischen ihre eigenen Familien und einige meiner Enkel ebenfalls. Meine beiden ältesten Söhne, Marco und Filippo, bestellen die Olivenhaine, die Alberto früher bewirtschaftet hat. Die beiden Mädchen, Maria und Lucia, haben beide im Dorf geheiratet und wohnen in Rufweite. Die beiden anderen Söhne, Gianluca und Alessandro, arbeiten in der Stadt und tragen teure Anzüge. Wenn sie heimkommen, gibt es ein großes Fest – leider sind sie nicht so oft hier, wie wir es uns wünschen.

Dorfleben bedeutet, dass es immer etwas zu tun gibt. Einmal im Jahr feiern wir ein großes Fest, bei dem es Wettbewerbe mit den Nachbardörfern gibt. Und falls ich nicht selbst an einem Wettbewerb teilnehme (drei Jahre in Folge war mein Risotto der Stolz der ganzen Region), dann richte ich eins der Siegerfeste aus. Hinzu kommen Hochzeiten, Taufen, Geburtstage und andere Feierlichkeiten. Es ist ein Wunder, dass ich noch dazu komme, Alberto und die Kinder zu bekochen!

Meine ganze Erfahrung — und die meiner Lehrerinnen: Mutter, Großmutter, Urgroßmutter — habe ich in diesem Buch verewigt. Sie finden hier nicht nur tolle Rezepte, das Buch zeigt Ihnen auch, wer ich bin.

Die meisten Kochbücher lesen sich wie Lehrbücher. Dieses ist anders. Es ist Mamas Kochbuch. In Apulien gibt es ein Sprichwort: „Una buona mamma vale cento maestre" — eine gute Mutter ersetzt 100 Lehrer.

Buon appetito!

Mamas einfache Gerichte

Gute Küche muss einfach sein. Wenn Sie die Grundlagen – die principi fondamentali – beherrschen, kommt alles andere wie von selbst. Und deswegen müssen Sie die schlichten Dinge erlernen, bevor Sie sich an große Partys oder raffinierte Rezepte heranwagen. Diese Rezepte habe ich als kleines Mädchen gelernt, auf Zehenspitzen stehend, als ich meiner Mama beim Kochen zuschaute. Noch heute bilden sie das Fundament meiner Kochkunst.

Was ist wohltuender als eine hausgemachte toskanische Bohnensuppe? Was schmeckt herzhafter als Spaghetti mit Fleischklößchen? Und welches Dessert schließt ein Essen köstlicher ab als Mamas Schokoladen-Nuss-Kuchen? Das ist der Geschmack der authentischen italienischen Küche. Gutes Gelingen!

Minestrone

Herzhafte Gemüse-Pasta-Suppe

Für 4 Personen

2 EL Olivenöl
2 Knoblauchzehen, gehackt
2 rote Zwiebeln, gehackt
80 g Prosciutto, in Streifen
1 rote Paprika, klein gewürfelt
1 orangefarbene Paprika, klein gewürfelt
400 g gehackte Tomaten aus der Dose
1 l Gemüsebrühe
1 Selleriestange, in Ringen
400 g Borlotti-Bohnen aus der Dose, abgespült und abgetropft
100 g Grünkohl, geraspelt
80 g Erbsen
1 EL frisch gehackte Petersilie
Salz und Pfeffer
80 g Vermicelli
frisch geriebener Parmesan, zum Garnieren
frisches Brot, zum Servieren

Das Öl in einem großen Topf erhitzen. Knoblauch, Zwiebeln und Schinken zugeben und bei mittlerer Hitze unter Rühren 3 Minuten andünsten, bis die Zwiebeln glasig sind. Paprika sowie Tomaten zufügen und weitere 2 Minuten unter Rühren dünsten. Dann Brühe, Sellerie, Bohnen, Kohl, Erbsen und Petersilie zugeben. Mit Salz und Pfeffer abschmecken.

Aufkochen, dann die Hitze reduzieren und die Suppe 30 Minuten köcheln lassen.

Die Vermicelli in den Topf geben. 10–12 Minuten oder nach Packungsanleitung al dente kochen. Vom Herd nehmen und die Minestrone auf vorgewärmte Suppenteller verteilen. Mit frisch geriebenem Parmesan garnieren und mit frischem Brot servieren.

Pappa al pomodoro
Brot-Tomaten-Suppe

Das Brot in 2,5 cm große Würfel schneiden. In einem großen Topf Brühe, Öl und Salbei erhitzen und auf die Hälfte einkochen. Brot und Knoblauch zugeben und alles bei starker Hitze garen, bis die ganze Flüssigkeit aufgesogen ist.

Tomaten und Zucker einrühren und 15 Minuten köcheln lassen. So viel heißes Wasser zugießen, bis die Suppe die gewünschte Konsistenz hat. 1 Minute köcheln lassen, dann mit Salz und Pfeffer abschmecken.

Auf vorgewärmte Suppenschalen verteilen, mit etwas Parmesan bestreuen und servieren.

Für 6 Personen

300 g Sauerteigbrot
125 ml Hühnerbrühe
4 EL natives Olivenöl extra
3 EL frisch gehackte Salbeiblätter
4 Knoblauchzehen, fein gehackt
800 g Eiertomaten aus der Dose
1 TL Zucker
250 ml heißes Wasser
Salz und Pfeffer
50 g Parmesan, gerieben, zum Servieren

Ribollita
Toskanische Bohnensuppe

Für 6 Personen

- 300 g weiße Bohnen aus der Dose, abgespült und abgetropft
- 300 g Borlotti-Bohnen aus der Dose, abgespült und abgetropft
- 600 ml Gemüsebrühe
- 120 g Conchigliette oder andere kleine Nudeln
- 4 EL natives Olivenöl extra
- 2 Knoblauchzehen, fein gehackt
- 3 EL frisch gehackte glatte Petersilie
- Salz und Pfeffer

Jeweils die Hälfte der beiden Bohnensorten mit der Hälfte der Brühe im Mixer glatt pürieren. In einen großen Topf geben und die restlichen Bohnen zufügen. Die restliche Brühe unterrühren und alles aufkochen.

Die Nudeln zufügen und alles erneut aufkochen. Die Hitze reduzieren und 15 Minuten köcheln lassen, bis die Nudeln al dente sind.

In der Zwischenzeit 3 Esslöffel Öl in einer kleinen Pfanne erhitzen und den Knoblauch unter Rühren etwa 2–3 Minuten goldgelb dünsten. Zusammen mit der Petersilie in die Suppe einrühren.

Mit Salz und Pfeffer abschmecken und in vorgewärmte Suppenschalen füllen. Mit dem restlichen Olivenöl beträufeln und sofort servieren.

Mamas Tipps für eine gute Haushaltsführung

Organisation ist alles: in der Küche und anderswo. Alberto kannte jedes Blatt an jedem Ast im Olivenhain – und ich könnte notfalls mit verbundenen Augen kochen. Halten Sie Ihre Küche sauber und aufgeräumt, dann ist die halbe Arbeit schon gemacht.

1. Halten Sie immer ausreichend Vorräte bereit. Mehl, Öl, Zucker, Oliven, Reis, Penne, Spaghetti und reichlich Eier, Milch und Käse im Kühlschrank. Damit können Sie jederzeit eine leckere Mahlzeit zaubern.

2. Kaufen Sie das beste Olivenöl, das Sie sich leisten können. Ein billiges Öl kann das beste Essen ruinieren.

3. Machen Sie einen Wochenplan. Das kostet Sie nicht mehr als eine Viertelstunde Zeit am Sonntagabend. Das spart Zeit und Geld, und Sie müssen nichts mehr wegwerfen.

Kräuter entscheiden darüber, ob ein Gericht gut oder herausragend schmeckt. Nur ein Hauch der passenden Kräuter kann ein Gericht verfeinern. Ziehen Sie einen kleinen Kräutergarten auf der Fensterbank – Basilikum, Rosmarin und Oregano. Diese Kräuter sind sehr leicht zu ziehen, und Mama muss nicht ständig hinausgehen, um sie zu ernten.

Mama,
die Panna Cotta
mit Vanille
schmeckt toll!

Ziehen Sie Ihr Gemüse, wenn möglich, selbst. Insalata mit Kopfsalat, Rucola und Spinat ist ein günstiges Gericht und schmeckt nach italienischer Sonne!

Übernehmen Sie das Regiment. Auch Rom hatte nur einen Kaiser. In der Küche gibt es keine Demokratie – Mama hat das Sagen, und damit basta.

Teilen Sie Ihre Zeit gut ein: Sie haben nur zwei Hände, zwei Beine und zwei Augen. Mein Sohn Alessandro redet zwar immer von „Multitasking", aber warum das Leben unnötig verkomplizieren? Weder meine noch deren Mama machten das so. Erledigen Sie eins nach dem anderen – aber dafür ordentlich.

Insalata di fagioli bicolore
Gemischter Bohnensalat

Für 4 Personen

- 120 g weiße Bohnen, über Nacht in Wasser eingeweicht
- Salz
- 250 g Prinzessbohnen
- ¼ rote Zwiebel, in dünnen Streifen
- 12 schwarze Oliven, entsteint
- 1 EL Schnittlauchröllchen

Dressing

- ½ EL Zitronensaft
- ½ TL feiner Senf
- 6 EL natives Olivenöl extra
- Salz und Pfeffer

Die weißen Bohnen abgießen, in einen Topf geben und mit Wasser bedecken. Zum Kochen bringen und etwa 15 Minuten köcheln lassen. Die Hitze leicht reduzieren und weitere 30 Minuten garen. Die Bohnen sollten weich sein, aber nicht zerfallen. In den letzten 5 Minuten der Garzeit etwas Salz zugeben. Die Bohnen abgießen, abtropfen lassen und beiseitestellen.

In der Zwischenzeit die grünen Bohnen in einen großen Topf mit kochendem Wasser geben und 8–10 Minuten garen. Sie sollten gar, aber noch bissfest sein. Abgießen, abtropfen lassen und beiseitestellen.

Für das Dressing alle Zutaten in einer Schüssel verquirlen.

Die noch lauwarmen weißen und grünen Bohnen in eine Servierschüssel geben. Zwiebeln, Oliven, Schnittlauch und das Dressing darübergeben. Alles gut vermengen.

Den Salat auf Teller verteilen und sofort servieren.

Olio e sale alla barese

Tomaten-Gurken-Salat mit Brot

Für 4 Personen

1 kleine Salatgurke, geschält
2 Fleischtomaten
1 Zwiebel
4 EL natives Olivenöl extra
2 EL Weißweinessig
Salz und Pfeffer
2 Scheiben Bauernbrot

Die Gurke und die Tomaten in dünne Scheiben schneiden und in eine Salatschüssel geben. Die Zwiebel in feine Ringe hobeln. Mit Gurke und Tomaten vermischen.

In einer kleinen Schüssel Olivenöl, Essig, Salz und Pfeffer verquirlen und über den Salat gießen. Etwa 20 Minuten marinieren.

Die Brotscheiben unter dem Backofengrill oder in einem Toaster auf beiden Seiten goldbraun rösten. Anschließend in mundgerechte Stücke schneiden. Die Brotwürfel unter den Salat heben und sofort servieren.

Insalata di pollo
Hühnchensalat

Für 4 Personen

3 EL Olivenöl
1 Hähnchen (etwa 1,3 kg)
200 ml trockener Weißwein
1 Zwiebel, gehackt
1 Karotte, gehackt
1 Selleriestange, gehackt
1 frisches Lorbeerblatt
Salz und Pfeffer

Den Backofen auf 180 °C vorheizen. Das Olivenöl in einem Bräter bei mittlerer Hitze erwärmen. Das Hähnchen zufügen und 15 Minuten rundum anbräunen. Mit dem Wein ablöschen und 2 Minuten köcheln lassen. Zwiebel, Karotte, Sellerie und Lorbeerblatt zugeben und alles mit Salz und Pfeffer abschmecken. Den Topf bedecken und in den Ofen geben. 45–50 Minuten schmoren, dabei das Hähnchen etwa alle 20 Minuten wenden. (Das Hähnchen ist gar, wenn beim Anstechen an der dicksten Stelle der Keule klarer Fleischsaft austritt.) Den Bräter aus dem Ofen nehmen und das Hähnchen abkühlen lassen. Das Hähnchen aus dem Bräter heben und die Haut ablösen. Garsud, Gemüse und Haut entsorgen.

Das Hühnchenfleisch entbeinen und in mundgerechte Stücke schneiden.

Das Fleisch mit Salz, Pfefferkörnern und Lorbeerblatt in eine Schüssel geben und großzügig mit Öl bedecken. Die Schüssel fest mit Frischhaltefolie abdecken und das Fleisch im Kühlschrank 1–2 Tage marinieren.

Marinade
Salz
1 TL schwarze Pfefferkörner
4 frische Lorbeerblätter
125 ml Olivenöl

Salat
150 g junge Spinatblätter
5 zarte Selleriestangen
1 Chicorée
2 EL natives Olivenöl extra
1 TL Weißweinessig
1 TL Balsamico-Essig, plus etwas mehr zum Beträufeln
Salz

Die Schüssel 2 Stunden vor dem Servieren aus dem Kühlschrank nehmen und das Fleisch abseihen. Einige Zeit abtropfen lassen.

Für den Salat Spinat, Sellerie und Chicorée zerkleinern und in einer Schüssel mischen. Olivenöl, Weißweinessig, Balsamico-Essig und Salz in einer Schüssel verquirlen, über den Salat gießen und gut vermengen. Auf Servierschalen anrichten und das Fleisch darüber verteilen. Mit Balsamico-Essig beträufeln und sofort servieren.

Insalata di prosciutto, salami e fichi

Schinken-Salami-Salat mit Feigen

Für 6 Personen

- 9–12 reife Feigen
- 6 dünne Scheiben Prosciutto
- 12 dünne Scheiben italienische Salami
- 1 kleines Bund frisches Basilikum, in kleine Zweige zerzupft
- einige Minzezweige
- 1 kleines Bund Rucola
- 2 EL frisch gepresster Zitronensaft
- 4 EL natives Olivenöl extra
- Salz und Pfeffer

Die Stiele der Feigen kurz abschneiden und die Früchte vierteln.

Schinken und Salami auf einer Servierplatte anrichten. Kräuter und Rucolablätter waschen und mit den Feigenvierteln in eine Schüssel geben.

Zitronensaft und Öl in einer Schüssel mit einer Gabel verrühren und kräftig salzen und pfeffern.

Die Mischung über die Kräuter und den Rucola gießen und die Feigenviertel und Salatblätter vorsichtig darin wenden.

Feigen und Rucola appetitlich auf der Servierplatte zusammen mit dem Schinken und der Salami anrichten.

Italienischer Parmaschinken

Antipasti misti di carne
Gemischte Fleisch-Antipasti

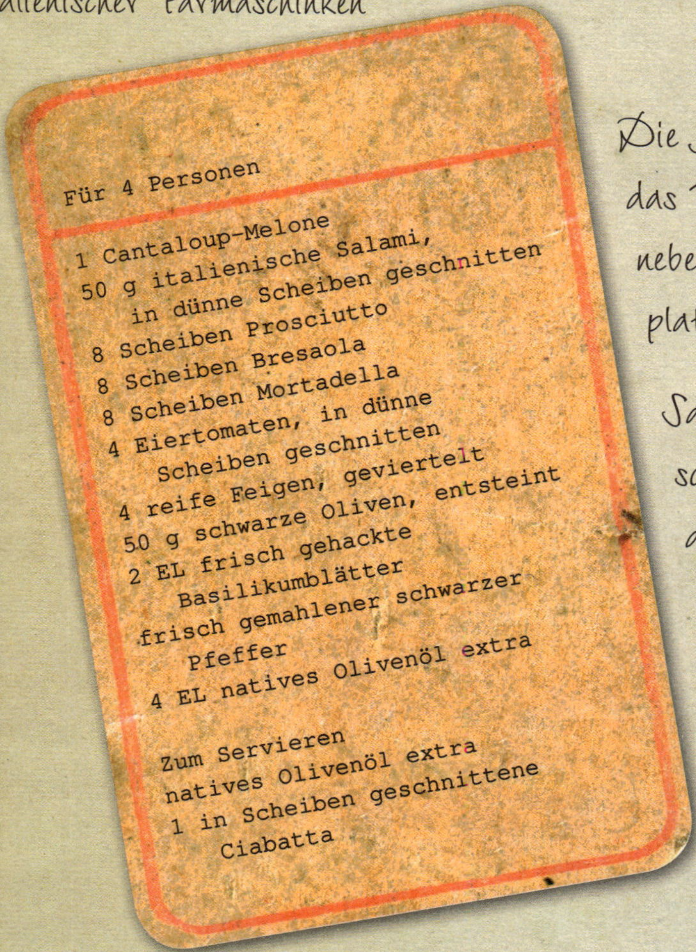
Für 4 Personen

1 Cantaloup-Melone
50 g italienische Salami, in dünne Scheiben geschnitten
8 Scheiben Prosciutto
8 Scheiben Bresaola
8 Scheiben Mortadella
4 Eiertomaten, in dünne Scheiben geschnitten
4 reife Feigen, geviertelt
50 g schwarze Oliven, entsteint
2 EL frisch gehackte Basilikumblätter
frisch gemahlener schwarzer Pfeffer
4 EL natives Olivenöl extra

Zum Servieren
natives Olivenöl extra
1 in Scheiben geschnittene Ciabatta

Die Melone halbieren, die Kerne herauskratzen und das Fruchtfleisch in 8 Spalten schneiden. Die Spalten nebeneinander am Rand einer großen Servierplatte platzieren.

Salami-, Prosciutto-, Bresaola- und Mortadellascheiben locker falten und nebeneinander unterhalb der Melonenspalten anrichten. Tomatenscheiben und Feigenviertel in der Mitte der Servierplatte arrangieren.

Oliven, Basilikum und Pfeffer darübergeben und alles mit Olivenöl beträufeln. Mit Ciabattascheiben und Olivenöl servieren.

Salami

Schwarze Olive

Bruschetta ai funghi selvatici

Bruschetta mit Waldpilzen

Für 4 Personen

- 4 Scheiben Sauerteigbrot, z.B. Pane Pugliese
- 3 Knoblauchzehen, 1 halbiert und 2 zerdrückt
- 3 EL natives Olivenöl extra
- 250 g gemischte Waldpilze, z.B. Steinpilze, Pfifferlinge und braune Champignons
- 30 g Butter
- 1 kleine Zwiebel oder 2 Schalotten, fein gehackt
- 125 ml trockener Weißwein oder Marsala
- Salz und Pfeffer
- 2 EL grob gehackte glatte Petersilie, zum Garnieren

Den Backofengrill vorheizen. Die Brotscheiben auf den Grillrost legen und auf der oberen Schiene im Backofen auf beiden Seiten goldbraun rösten. Aus dem Ofen nehmen und mit den Knoblauchhälften über eine Seite der Brotscheiben reiben. Das Brot mit 2 Esslöffeln Olivenöl beträufeln, auf ein Backblech setzen und im Ofen warm halten. Die Pilze putzen und große Exemplare in Scheiben schneiden. Restliches Olivenöl und die Hälfte der Butter in einer Pfanne erhitzen und die Pilze darin unter Rühren 3–4 Minuten garen. Die Pilze aus der Pfanne nehmen, auf einen Teller legen und im Ofen warm halten.

Die restliche Butter in der Pfanne zerlassen, Zwiebeln und Knoblauch zugeben und 3–4 Minuten glasig dünsten. Mit dem Wein ablöschen, gut verrühren und 2–3 Minuten köcheln lassen, bis die Flüssigkeit etwas angedickt ist. Die Pilze zurück in die Pfanne geben, gut verrühren und kurz erhitzen.

Mit Salz und Pfeffer abschmecken und vom Herd nehmen. Die Brotscheiben mit der Pilzmischung belegen, mit Petersilie bestreuen und sofort servieren.

Funghi ripieni con spinaci e pancetta
Gefüllte Champignons mit Pancetta & Spinat

Für 4 Personen

- 60 g frischer junger Spinat
- 4 Riesenchampignons
- 3 EL natives Olivenöl extra
- 50 g Pancetta oder Speck, in feine Würfel geschnitten
- 2 Knoblauchzehen, zerdrückt
- 50 g frische Semmelbrösel
- 2 EL frisch gehacktes Basilikum
- Salz und Pfeffer

Den Backofen auf 200 °C vorheizen. Den Spinat putzen, in einen Topf füllen und die Blätter nur leicht mit Wasser besprenkeln. Etwa 2–3 Minuten bei starker Hitze dünsten, bis die Blätter zusammengefallen sind. Den Spinat abgießen und so viel Wasser wie möglich mit den Händen herauspressen. Dann fein hacken und in eine Schüssel geben. Die Pilze putzen, die Stiele abschneiden und fein hacken. Die Pilzhüte ganz lassen.

2 Esslöffel des Öls in einer Pfanne erhitzen und die Champignons darin mit der Außenseite nach unten 1 Minute dünsten. Aus der Pfanne nehmen und in eine große Auflaufform legen.

Gehackte Pilzstiele, Pancetta und Knoblauch in die Pfanne geben und unter Rühren 5 Minuten braten.

Spinat, Semmelbrösel und Basilikum zufügen und mit Salz und Pfeffer abschmecken. Gut verrühren und auf die vorbereiteten Pilzhüte verteilen. Die Pilze mit dem restlichen Öl beträufeln und im Ofen 20 Minuten goldbraun und knusprig backen. Sofort servieren.

Mamas Tipp

Schinkenwürfel mit gehacktem Spinat, Knoblauch und Semmelbröseln sind eine fantastische Füllung für überbackene Champignons. Man kann sie heiß oder lauwarm servieren.

Frittata di frutti di mare

Meeresfrüchteomelett

Für 3 Personen

- 30 g Butter
- 1 EL Olivenöl
- 1 Zwiebel, sehr fein gehackt
- 180 g Zucchini, längs halbiert und in Scheiben geschritten
- 1 Selleriestange, sehr fein gehackt
- 80 g Champignons, in Scheiben geschnitten
- 50 g grüne Bohnen, in 5 cm lange Stücke geschnitten
- 4 Eier
- 80 g Mascarpone
- 1 EL frisch gehackter Thymian
- 1 EL frisch gehacktes Basilikum
- Salz und Pfeffer
- 200 g Thunfisch aus der Dose, abgetropft und zerpflückt
- 120 g gekochte Garnelen, ausgelöst

Butter und Olivenöl in einer Pfanne mit ofenfestem Griff erhitzen. Hat die Pfanne einen Holzgriff, diesen fest mit Alufolie einwickeln. Die Zwiebel zugeben und bei geringer Hitze unter Rühren 5 Minuten weich dünsten. Den Backofengrill vorheizen.

Zucchini, Sellerie, Pilze und Bohnen zugeben und weitere 8–10 Minuten unter Rühren dünsten, bis sie etwas anbräunen.

Die Eier mit Mascarpone, Thymian und Basilikum verquirlen und mit Salz und Pfeffer würzen.

Den Thunfisch in die Pfanne geben und gründlich unterrühren. Die Garnelen zufügen. Die Eimischung zugießen und 5 Minuten braten, bis das Ei fest zu werden beginnt. Das Omelett an den Seiten etwas anheben, damit das noch flüssige Ei herunterlaufen kann.

Die Pfanne auf die obere Schiene in den Backofen schieben und das Omelett im Ofen stocken lassen, bis es eine goldbraune Farbe annimmt. In Stücke schneiden und sofort servieren.

Spaghetti con le polpette
Spaghetti mit Hackbällchen

Für 6 Personen

1 Kartoffel, gewürfelt
400 g Rinderhackfleisch
1 Zwiebel, fein gehackt
1 Ei
4 EL frisch gehackte glatte Petersilie
Salz und Pfeffer
Mehl, zum Bestäuben
5 EL natives Olivenöl extra
400 ml passierte Tomaten
2 EL Tomatenmark
400 g Spaghetti

Zum Garnieren
6 frische Basilikumblätter, zerzupft
frisch geriebener Parmesan

Die Kartoffel in einem kleinen Topf mit kaltem Wasser bedecken, 1 Prise Salz zugeben und aufkochen. 10–15 Minuten garen, dann abgießen. Mithilfe eines Kartoffelstampfers zu einem Püree verarbeiten.

Kartoffel, Fleisch, Zwiebel, Ei und Petersilie in einer Schüssel vermischen, salzen und pfeffern. Die Arbeitsplatte mit Mehl bestäuben. Mit angefeuchteten Händen aus der Fleischmischung walnussgroße Bällchen formen und im Mehl wenden. Überschüssiges Mehl abschütteln.

Das Öl in einer Pfanne erhitzen und die Fleischbällchen bei mittlerer Hitze etwa 8–10 Minuten rundum goldbraun anbraten. Passierte Tomaten und Tomatenmark zugeben und weitere 10 Minuten kochen, bis die Sauce eingedickt ist. Unterdessen in einem großen Topf leicht gesalzenes Wasser zum Kochen bringen. Die Nudeln zugeben und etwa 8–10 Minuten al dente garen.

Die Nudeln abgießen, zur Sauce geben und gründlich vermengen. In eine vorgewärmte Schüssel füllen, mit Basilikum und Parmesan garnieren und sofort servieren.

Bocconcini di pollo pastellati

Knusprige Hühnchenstücke

Für 6–8 Personen

500 g Hähnchenoberschenkel, gehäutet und entbeint
3 EL Olivenöl
Saft von ½ Zitrone
2 Knoblauchzehen, zerdrückt
Salz und Pfeffer
8 EL Mehl
Pflanzenöl, zum Frittieren
2 Eier, verquirlt
Petersilienzweige, zum Garnieren
Zitronenspalten, zum Servieren

Das Hühnchenfleisch in 4 cm große Stücke schneiden. Olivenöl, Zitronensaft, Knoblauch, Salz und Pfeffer in einer Schüssel verquirlen. Das Fleisch zufügen und bei Zimmertemperatur 1 Stunde oder über Nacht im Kühlschrank marinieren.

Das Mehl auf einem flachen Teller verteilen und mit 1 Prise Salz und viel Pfeffer mischen.

Das Hühnchenfleisch aus der Marinade heben und abtropfen lassen.

Reichlich Öl in einer Fritteuse oder einem großen Topf auf 180 °C erhitzen (ein Brotwürfel bräunt darin in 30 Sekunden). Die Fleischstücke portionsweise erst im Mehl, dann im verquirlten Ei wenden. Die Hühnchenstücke in das heiße Öl tauchen und in etwa 5 Minuten goldbraun und knusprig frittieren; dabei häufig wenden. Die Hühnchenstücke aus der Fritteuse heben und auf Küchenpapier abtropfen lassen. Auf eine vorgewärmte Servierschale geben und mit Petersilie garnieren. Mit Zitronenspalten servieren.

Tonno con fagioli bianchi e carciofi

Thunfisch mit Bohnen & Artischocken

Für 6 Personen

150 ml natives Olivenöl extra
Saft von 1 Zitrone
¼ TL getrocknete Chiliflocken
¼ TL grob gemahlener schwarzer Pfeffer
4 Thunfischsteaks à 120 g
300 g getrocknete Cannellini-Bohnen, über Nacht eingeweicht
Salz und Pfeffer
1 Schalotte, fein gehackt
1 Knoblauchzehe, zerdrückt
2 TL fein gehackter frischer Rosmarin
2 EL frisch gehackte glatte Petersilie
4 eingelegte Artischocken, abgetropft und geviertelt
4 Rispentomaten, geachtelt
16 schwarze Oliven, entsteint
Zitronenspalten, zum Servieren

4 Esslöffel des Olivenöls mit 3 Esslöffeln Zitronensaft, den Chiliflocken und dem schwarzen Pfeffer in einer flachen Schüssel verrühren. Die Fischsteaks gut darin wenden und bei Zimmertemperatur 1 Stunde marinieren; dabei mehrmals wenden.

In der Zwischenzeit die Bohnen abgießen und in einem Topf mit viel Wasser bedecken. Zum Kochen bringen und 15 Minuten köcheln lassen. Die Hitze reduzieren und weitere 30 Minuten köcheln, bis die Bohnen gar, aber nicht zu weich sind. In den letzten 5 Minuten der Garzeit mit Salz würzen. Die Bohnen abgießen, abtropfen lassen und in eine Schüssel geben. Mit 5 Esslöffeln des Olivenöls beträufeln und gut vermengen, dann Schalotte, Knoblauch, Rosmarin, Petersilie und den restlichen Zitronensaft unterrühren.

Mit Salz und Pfeffer abschmecken und mindestens 30 Minuten ruhen lassen. Das restliche Öl in einer Pfanne erhitzen, den Thunfisch samt Marinade hineingeben und etwa 1–2 Minuten von jeder Seite scharf anbraten. Aus der Pfanne auf einen Teller heben und etwas abkühlen lassen.

Die Bohnen auf Servierteller verteilen und mit Artischocken, Tomaten sowie Oliven mischen. Mit Salz und Pfeffer abschmecken. Den Thunfisch mit einer Gabel in Stücke zerteilen und auf dem Salat platzieren.
Mit Zitronenspalten garnieren und lauwarm servieren.

Capesante al forno
Gebackene Jakobsmuscheln

Für 4 Personen

700 g ausgelöste Jakobsmuscheln, gehackt
2 Zwiebeln, fein gehackt
2 Knoblauchzehen, fein gehackt
3 EL frisch gehackte Petersilie
1 Prise frisch geriebene Muskatnuss
1 Prise gemahlene Nelken
Salz und Pfeffer
2 EL frische Semmelbrösel
2 El Olivenöl

Den Backofen auf 200 °C vorheizen. Jakobsmuscheln, Zwiebeln, Knoblauch, 2 Esslöffel der Petersilie, Muskat, Nelken, Salz und Pfeffer in einer Schüssel vermischen.

Die Mischung auf 4 gesäuberte Jakobsmuschelschalen oder ofenfeste Schälchen verteilen. Mit den Semmelbröseln und der restlichen Petersilie bestreuen und mit Olivenöl beträufeln.

Etwa 15–20 Minuten im Ofen goldgelb backen. Aus dem Ofen nehmen und sofort servieren.

Wie man die Familie satt bekommt

Mama ist der Chef! Wenn Sie eine große Familie ernähren wollen, können Sie nicht auf jeden Wunsch Rücksicht nehmen. Casa Mama ist kein Ristorante, man sucht sich nichts auf der Speisekarte aus!

Die Familie ist die Wurzel des italienischen Lebens. Sie macht uns zu dem, was wir sind. Ich habe sechs Geschwister, mein Mann Alberto war der Älteste von fünf Kindern. Zusammen haben wir sechs Kinder und mehr Enkel, als ich an beiden Händen und Füßen abzählen kann. Eine große Familie ist ein Gottesgeschenk, und am großen Tisch kommen wir zusammen, um für diesen Segen zu danken.

Meine Mutter sagte immer: „È meglio un uovo oggi che una gallina domani" – besser heute ein Ei als morgen ein Huhn.

Auch wenn es nicht viel gibt – mit Liebe und Fantasie kann aus Wenigem ein wahres Festmahl zubereitet werden.

Seien Sie sparsam. Um alle satt und glücklich machen zu können, müssen Sie lernen, das Geld einzuteilen.

Ein großer Topf macht mehr Köpfe satt als viele kleine Portionen – und mit einer guten Ciabatta füllen Sie auch die letzten Löcher im Magen.

Die Mahlzeiten sollten die Höhepunkte des Tages sein. Alle sitzen zusammen, essen, trinken, reden und lachen miteinander. Von der Großmutter bis zum Bambino, Mahlzeiten muss man teilen. Es gibt keine Ausrede, ihnen fernzubleiben.

Wenn Sie für eine große Gesellschaft kochen, halten Sie es schlicht. Wenn sich die Großfamilie zum Essen angekündigt hat, sind zwei oder drei köstlich zubereitete Gerichte – z. B. ein großer Salat, dazu Spaghetti mit Fleischklößchen – einfacher zuzubereiten ... und Alberto hat dann auch weniger zu spülen!

Panna cotta

Panna cotta

Die Vanillestange aufschlitzen und das Mark herauskratzen. Stange und Mark mit der Sahne in einem Topf zum Kochen bringen, den Zucker einrühren. Hitze reduzieren und 15 Minuten leicht köcheln.

Die Gelatine 10 Minuten in kaltem Wasser quellen lassen, danach abgießen und ausdrücken. Die heiße Sahne durch ein Haarsieb gießen, dann die Gelatineblätter in der Sahne auflösen.

Für 4 Personen

1 Vanillestange
500 g Schlagsahne
60 g Zucker
4 Blatt weiße Gelatine
500 g Erdbeeren
3 EL Puderzucker

4 kleine Souffléförmchen mit kaltem Wasser ausspülen und die Sahnecreme einfüllen. Abdecken und über Nacht im Kühlschrank fest werden lassen. Die Erdbeeren putzen, einige Beeren für die Garnitur beiseitestellen. Die restlichen Beeren mit dem Puderzucker einmal aufkochen. Heiß durch ein Sieb streichen und auskühlen lassen. Panna cotta zum Servieren auf Dessertteller stürzen und etwas Beerensauce danebengießen. Mit den restlichen Beeren dekorieren und servieren.

Macedonia

Obstsalat

Für 4 Personen

5 große blaue Pflaumen
2 Nektarinen
2 Birnen
Saft von 1 Limette
je 200 g blaue und weiße Weintrauben
2 EL Zucker
2 TL Vanillezucker
100 ml frisch gepresster Orangensaft
60 ml Amaretto
2 reife Feigen

Pflaumen und Nektarinen entsteinen und in schmale Spalten schneiden. Die Birnen schälen, entkernen und würfeln. Das Obst in eine Schüssel geben und mit dem Limettensaft beträufeln.

Die Trauben nach Belieben halbieren und mit einem spitzen Messer die Kerne entfernen. Zucker, Vanillezucker, Orangensaft und Amaretto in einer Schüssel verrühren. Über den Obstsalat gießen und vorsichtig vermengen. Abgedeckt im Kühlschrank 1 Stunde ziehen lassen.

Die Stiele der Feigen kurz abschneiden, die Früchte vierteln und zusammen mit dem Obstsalat in Dessertschalen anrichten.

Sofort servieren.

Gelato di albicocche

Aprikoseneis

Für 6 Personen

500 g reife Aprikosen
300 g Schlagsahne
170 g Zucker
200 ml Vollmilch
2 Tropfen Vanillearoma

Mamas Tipp
Wenn Sie eine Eismaschine haben, die Mischung in die Maschine geben und gemäß der Gebrauchsanleitung zubereiten.

Die Aprikosen halbieren und entsteinen. In der Küchenmaschine oder im Mixer glatt pürieren.

Schlagsahne und Zucker in einer Rührschüssel mit dem elektrischen Handrührgerät oder dem Schneebesen cremig schlagen, bis sich der Zucker aufgelöst hat. Aprikosenpüree, Milch und Vanillearoma mit dem Schneebesen unterziehen. Die Masse in einen gefriergeeigneten Behälter geben, bedecken und für 1 Stunde ins Gefrierfach stellen. Aus dem Gefrierfach nehmen und die Mischung mit dem elektrischen Handrührgerät oder dem Schneebesen gründlich verrühren. Den Behälter erneut verschließen und für 1 weitere Stunde ins Gefrierfach stellen.

Den Wechsel von Rühren und Tiefkühlen so lange wiederholen, bis die Eiscreme schließlich fast zu einem festen Block gefroren ist. Nochmals verrühren und bis zur Verwendung in das Gefrierfach stellen. Das Eis 15 Minuten vor dem Servieren in den Kühlschrank stellen, damit es etwas antaut.

Be my
Valentine

Mamas Festrezepte

Wenn es in unserer Region Apuliens etwas zu feiern gibt, dann darf nur eine Person das Menü bestimmen: Mama! Festessen gehören genauso zur italienischen Kultur wie Rotwein, Oper und die Sonntagsmesse. Und deshalb ist es natürlich umso wichtiger, dass das richtige Essen auf die richtige Art zubereitet wird.

Von Mamas berühmtem Risotto über Ossobuco bis hin zu unschlagbaren Geflügelrezepten – auf den folgenden Seiten ist für jedes Fest das Passende dabei. Und Mamas praktische Tipps helfen dabei, nicht in letzter Minute in Panik zu geraten.

Es ist kinderleicht, seine Gäste mit vollem Bauch und seligem Lächeln heimzuschicken – Sie müssen nur auf Mama hören!

Risotto con gli asparagi

Risotto mit Spargel

Für 4 Personen

500 g grüner Spargel
1 l Wasser
1 Prise Zucker
3 EL Butter
Salz
1 kleine Zwiebel, fein gehackt
300 g Risotto-Reis
125 ml Weißwein
frisch gemahlener Pfeffer

Die holzigen Enden vom Spargel entfernen, die Köpfe abschneiden und beiseitelegen. Den restlichen Spargel in Stücke schneiden. Das Wasser mit dem Zucker, 1 Teelöffel Butter und etwas Salz zum Kochen bringen. Spargelköpfe zufügen und kurz blanchieren. Mit einem Schaumlöffel herausheben, in Eiswasser abschrecken und beiseitestellen. Die restlichen Spargelstücke in das Wasser geben und 15 Minuten garen. Abgießen und dabei den Kochsud auffangen. Spargel mit dem Stabmixer pürieren und warm stellen.

Die Zwiebel in 1 Esslöffel Butter glasig dünsten, den Reis einrühren und alles mit dem Weißwein ablöschen. Sobald der Wein etwas eingekocht ist, ein Drittel des aufgefangenen Kochsuds zugießen und verrühren, bis der Reis die Flüssigkeit aufgenommen hat. Diesen Vorgang zweimal wiederholen. Nach etwa 15 Minuten Garzeit die restliche Butter und das Spargelpüree einrühren und die Spargelköpfe unter den Risotto heben. Mit Salz und Pfeffer abschmecken, vom Herd nehmen und vor dem Servieren 2–3 Minuten ruhen lassen.

Risotto nero con seppie

Schwarzer Risotto mit Tintenfisch

Für 4 Personen

500 g Tintenfisch
1 Bund glatte Petersilie
Salz
4 EL Olivenöl
1 Schalotte, fein gehackt
1 Knoblauchzehe, fein gehackt
300 g Risotto-Reis
250 ml Weißwein
1 l Fischfond
Pfeffer

Die Tintenfische putzen und ausnehmen, dabei den Tintenbeutel vorsichtig vom Körper lösen. Die Tintenfischtuben in dünne Streifen schneiden. Die Petersilie von den Stängeln lösen und fein hacken. Tintenbeutel mit den Petersilienstängeln, 1 Prise Salz und wenig Wasser einige Minuten kochen. Durch ein Sieb in eine Schüssel abgießen. In einem Topf das Öl erhitzen, Schalotte und Knoblauch zufügen und glasig dünsten. Tintenfischstreifen zugeben und kurz anbraten. Den Reis einrühren und mit dem Weißwein ablöschen.

Den Fischfond in einem zweiten Topf erhitzen. Sobald der Wein eingekocht ist, ein Drittel des heißen Fischfonds unter Rühren zugießen und verrühren, bis der Reis die Flüssigkeit aufgenommen hat. Diesen Vorgang zweimal wiederholen.

Nach 15 Minuten Garzeit den Tintensud zugießen und einige Minuten köcheln lassen. Risotto mit Salz und Pfeffer abschmecken, mit der gehackten Petersilie bestreuen und servieren.

Risotto ai funghi porcini

Steinpilz-Risotto

Für 4 Personen

50 g Butter
2 Schalotten, fein gehackt
100 g Prosciutto, klein gewürfelt
300 g Risotto-Reis
250 ml Prosecco
1 l Rinderbrühe
300 g Steinpilze, in Scheiben
Salz und Pfeffer
1 EL fein gehackte Petersilie, zum Garnieren
100 g frisch geriebener Parmesan, zum Servieren

Die Hälfte der Butter in einem Topf zerlassen. Schalotten und Schinken zugeben und andünsten. Den Reis einrühren und mit dem Prosecco ablöschen.
In einem weiteren Topf die Rinderbrühe erhitzen. Sobald der Prosecco fast eingekocht ist, ein Drittel der heißen Brühe unter Rühren zugießen und verrühren, bis der Reis die Flüssigkeit aufgenommen hat. Diesen Vorgang zweimal wiederholen.
Die restliche Butter zerlassen und die Steinpilze darin anbraten. Unter den Risotto heben. Mit Salz und Pfeffer abschmecken und mit der Petersilie bestreuen. Mit Parmesan servieren.

Mamas Tipps für das perfekte Familientreffen

Ein Familienfest ohne gutes Essen ist wie ein Sommer ohne Sonne – in Apulien ist das schlicht undenkbar. Niemand feiert so gern wie die Italiener, und keine Italienerin richtet so schöne Feste aus wie Mama. Mit einigen guten Tipps wird auch Ihr Fest unvergesslich.

Nicht nur das Essen ist wichtig. Guter Wein, gute Gespräche, Lachen und Musik sind ebenso wichtige Zutaten für das perfekte Fest.

Wenn möglich, sollten sich alle Gäste sehen können. Improvisieren Sie: Schieben Sie mehrere Tische zu einer großen Tafel zusammen. Eine schöne Tischdecke darüber ausbreiten, und niemandem fällt etwas auf.

Setzen Sie die Kinder mit an den Tisch. Warum sollten sie getrennt von den Erwachsenen essen? Ich finde das unnatürlich. Mit Kindern am Tisch hat man immer mehr Spaß.

Vergessen Sie die Getränke nicht. Viel Wein, große Karaffen mit eiskaltem Wasser, frischer Orangensaft für die Kinder ... durstige Gäste sind unzufriedene Gäste und in der Casa Mama sorgt Alberto dafür, dass die Gläser immer gut gefüllt sind.

Meine Gäste sitzen nicht herum und warten darauf, dass ich ihnen auftrage – manche helfen mir in der Küche, manche gehen Alberto mit dem *vino* zur Hand, andere spielen mit den Kindern, einige unterhalten uns mit Musik, Gesang, Witzen und Geschichten. Eine große italienische Feier ist nicht, als säße man in einem Ristorante: Es ist laut, geschäftig, lebendig, und alle haben daran teil.

Sorgen Sie sich nicht zu sehr um die Etikette. (Abgesehen von ein paar grundlegenden Manieren.) Das Wichtigste ist, dass sich alle wohlfühlen. Wen kümmert es da schon, welche Gabel die passende ist?

Es gibt ein italienisches Sprichwort: „Chi mangia de solo, muore da solo" – Wer allein isst, stirbt auch allein. Essen genießt man am besten in Gesellschaft, deshalb sollten Sie nicht nur zu besonderen Anlässen andere einladen.

Melanzane alla campagnola

Auberginenscheiben auf ländliche Art

Für 4 Personen

4 Auberginen
Salz
6 Tomaten
2 Knoblauchzehen
½ Bund glatte Petersilie
Pfeffer
4 EL Olivenöl, plus etwas mehr zum Einfetten

Die Auberginen waschen und den Stielansatz abschneiden. Die Auberginen in 1 cm dicke Scheiben schneiden. Salzen und in einem Sieb 1 Stunde abtropfen lassen.

Den Backofen auf 200 °C vorheizen. Die Tomaten häuten, vierteln, entkernen und sehr fein würfeln. Den Knoblauch schälen und mit der Petersilie fein hacken. Unter die Tomaten mischen und mit Salz und Pfeffer würzen. 2 Esslöffel Olivenöl unterrühren und kurz ziehen lassen.

Die Auberginenscheiben mit Küchenpapier trocken tupfen und nebeneinander auf ein eingefettetes Backblech legen. Das restliche Öl darüberträufeln und die Auberginen im Ofen von jeder Seite etwa 5 Minuten rösten.

Die gebackenen Auberginenscheiben mit der Tomatenmischung bestreichen und zu kleinen Türmchen stapeln. Sofort servieren.

Polenta e fontina

Polenta mit Fontina-Käse

Für 4 Personen

- 1 TL Salz
- 150 g grobe Polenta
- 60 g Butter, plus etwas mehr zum Einfetten
- 180 g Fontina-Käse, in dünnen Scheiben
- frisch gemahlener weißer Pfeffer
- 4 Rosmarinzweige, zum Garnieren

In einem großen Topf 1 Liter Wasser mit dem Salz zum Kochen bringen. Die Polenta einrieseln lassen und unter Rühren 5 Minuten kochen. Die Hitze reduzieren und die Polenta etwa 30 Minuten unter ständigem Rühren köcheln lassen, bis sich die Masse vom Boden löst.

Eine runde Auflaufform mit kaltem Wasser ausspülen. Die Polenta hineingeben, glatt streichen und abkühlen lassen. Dann aus der Form heben und zweimal horizontal durchschneiden, sodass sich 3 gleichmäßige Lagen ergeben. Die Auflaufform säubern und mit Butter einfetten.

Den Backofen auf 200 °C vorheizen. Eine Polentaschicht in die Auflaufform legen. Mit einem Drittel der Käsescheiben belegen, pfeffern und die nächste Lage Polenta daraufgeben. Den Vorgang wiederholen und mit etwas Käse abschließen. Kleine Butterflöckchen daraufsetzen und die Polenta etwa 20 Minuten im Ofen gratinieren. Mit Rosmarinzweigen garnieren und servieren.

Ossobuco alla Milanese
Ossobuco nach Mailänder Art

Für 4 Personen

4 Scheiben Kalbshachse (etwa 4 cm dick)
Salz und Pfeffer
Mehl, zum Bestäuben
50 g Butter
125 ml Weißwein
400 g Tomaten aus der Dose
1 Knoblauchzehe
1 EL abgeriebene Zitronenschale
2 EL frisch gehackte Petersilie
Polenta, Risotto oder Nudeln, zum Servieren

Die Fleischscheiben waschen und mit Küchenpapier trocken tupfen. Dann mit Salz und Pfeffer würzen, in Mehl wenden und das überschüssige Mehl abklopfen.

Die Butter in einer großen Pfanne zerlassen und die Fleischscheiben darin auf beiden Seiten anbräunen. Mit dem Wein ablöschen und diesen etwas einkochen lassen. Die Tomaten einrühren und alles mit Salz und Pfeffer würzen. Die Pfanne abdecken und alles bei geringer Hitze etwa 1½ Stunden schmoren, dabei das Fleisch mehrmals wenden. Das Fleisch ist gar, wenn es beginnt, sich vom Knochen zu lösen.

Den Knoblauch fein hacken, mit der Zitronenschale und der Petersilie mischen und kurz vor dem Servieren auf die Fleischscheiben streuen. Nach Wunsch mit Polenta, Risotto oder Nudeln servieren.

Involtini alla Barese

Rinderrouladen mit Pecorino

Für 4 Personen

8 Rinderrouladen à 100 g
50 g entsteinte grüne Oliven, gehackt
Salz und Pfeffer
8 Scheiben Parmaschinken
80 g mittelalter Pecorino, in dünne Streifen gehobelt
2 EL Olivenöl
1 Zwiebel, fein gehackt
1 Knoblauchzehe, fein gehackt
1 EL Tomatenmark
125 ml trockener Rotwein
250 ml Rinderbrühe
1 frischer Salbeizweig

Das Fleisch unter fließend kaltem Wasser abspülen, mit Küchenpapier trocken tupfen und etwas flach klopfen.

Die Oliven klein würfeln. Das Fleisch auf beiden Seiten leicht salzen und pfeffern und jeweils mit 1 Scheibe Parmaschinken belegen. Mit den gehackten Oliven und dem Käse bestreuen.

Die Rouladen aufrollen und mit Küchengarn umwickeln oder einem Zahnstocher fixieren.

Das Öl in einer Pfanne erhitzen und die Rouladen darin bei mittlerer Hitze rundum anbräunen. Zwiebel, Knoblauch und Tomatenmark zufügen und kurz anbraten. Mit dem Wein ablöschen, den Bratensatz vom Boden lösen und die Flüssigkeit einkochen.

Brühe und Salbeizweig zugeben und den Topf leicht abdecken. Etwa 30–40 Minuten bei geringer Hitze schmoren. Dann die Rouladen herausnehmen und Küchengarn oder Zahnstocher entfernen. Die Sauce noch einmal aufkochen und mit Salz und Pfeffer abschmecken. Die Rouladen mit der Sauce auf vorgewärmte Teller verteilen und servieren.

Stracotto di manzo
Rinderschmortopf

Für 6 Personen

- 3 EL Olivenöl
- 2 Zwiebeln, in dünne Ringe geschnitten
- 2 Knoblauchzehen, gehackt
- 1 kg Rinderschmorfleisch, in dicke Streifen geschnitten
- 2 EL Mehl
- Salz und Pfeffer
- 300 ml Rotwein, z.B. Chianti
- 2 frische Salbeizweige
- 250 ml Rinder- oder Gemüsebrühe
- 1 EL Tomatenmark
- 1 EL frisch gehackte glatte Petersilie, zum Garnieren
- gegartes Gemüse der Saison, zum Servieren (nach Belieben)

Den Backofen auf 150 °C vorheizen. 1 Esslöffel Öl in einer großen Pfanne erhitzen. Zwiebeln und Knoblauch zugeben und unter Rühren 6–8 Minuten anbräunen.

Mit einem Schaumlöffel herausheben und in einen Schmortopf geben.

Das restliche Öl in der Pfanne erhitzen, die Fleischstreifen zugeben und 3–4 Minuten rundum anbräunen. Das Mehl einstreuen und gut verrühren, damit es nicht klumpt. Salzen und pfeffern.

Die Hitze reduzieren, den Wein zugießen und unter Rühren zum Kochen bringen.

Den Pfanneninhalt in den Schmortopf geben. Salbei, Brühe und Tomatenmark zufügen und den Topf bedecken. In den Ofen schieben und auf mittlerer Schiene 2½–3 Stunden garen. Aus dem Ofen nehmen, Salbei entfernen und alles noch einmal mit Salz und Pfeffer abschmecken.

Mit Petersilie bestreuen und nach Belieben mit gegartem Gemüse servieren.

Mamas Tipp
Für einen Lammschmortopf ersetzen Sie das Rindfleisch einfach durch magere Lammkeule. In der toskanischen Küche werden zähere Fleischstücke meist auf dem Herd geschmort. In unserem Rezept kommt das Fleisch einfach in den Ofen.

Spezzatino di maiale
Schweinegulasch

Für 4 Personen

600 g mageres Schweinefleisch
2–3 EL Olivenöl
1 TL Fenchelsamen
5 Knoblauchzehen, fein gehackt
Salz und Pfeffer
1 frische rote Chili, entkernt
  und fein gehackt
300 g reife Tomaten, gehäutet
  und gewürfelt
4 frische Basilikumstängel,
  zum Garnieren

Das Fleisch waschen, mit Küchenpapier trocken tupfen und in mundgerechte Würfel schneiden. Das Olivenöl in einem Schmortopf erhitzen, Fenchelsamen und Knoblauch zufügen und andünsten.

Das Fleisch mit Salz und Pfeffer einreiben. In den Topf geben und rundum anbraten. Sobald das Fleisch bräunt, Chili und Tomaten zugeben. Abgedeckt etwa 1 Stunde bei geringer Hitze schmoren. Bei Bedarf etwas Wasser zugießen. Mit Basilikum garnieren und servieren.

Pollo alla cacciatora

Hähnchen nach Jägerart

Für 4 Personen

1 Hähnchen
Salz und Pfeffer
2 EL Olivenöl
50 g Pancetta oder Speck, gewürfelt
1 Zwiebel, fein gehackt
125 ml Weißwein
4 Tomaten
250 ml Hühnerbrühe

Das Hähnchen unter fließend kaltem Wasser abspülen, mit Küchenpapier trocken tupfen und in 8 Stücke zerteilen. Die Haut mit Salz und Pfeffer einreiben. Das Öl in einem Schmortopf erhitzen. Pancetta und Zwiebel darin 3–4 Minuten andünsten, bis die Zwiebel glasig ist.

Die Hähnchenstücke zugeben und rundum goldbraun anbraten. Mit dem Wein ablöschen und 5 Minuten köcheln lassen.

Inzwischen die Tomaten häuten, entkernen und das Tomatenfleisch würfeln. Zusammen mit der Brühe zum Fleisch geben und abgedeckt bei geringer Hitze 30–40 Minuten köcheln lassen. Mit Salz und Pfeffer abschmecken und sofort servieren.

Involtini di petti di pollo
Gefüllte Hähnchenbrustfilets

Für 4 Personen

4 Hähnchenbrustfilets à 150 g
Salz und Pfeffer
4 dünne Scheiben Prosciutto
4 Scheiben Pecorino
4 gegarte Spargelspitzen, plus einige mehr zum Servieren
1 EL Mehl
50 g Butter
2 EL Olivenöl
150 ml trockener Weißwein
50 ml Hühnerbrühe

Jedes Hähnchenbrustfilet zwischen 2 Schichten Frischhaltefolie oder in einem Gefrierbeutel mit einem Nudelholz auf etwa 8 mm Dicke klopfen. Kräftig salzen, pfeffern und auf jedes Filet eine Scheibe Schinken legen.

Jedes Filet mit einer Scheibe Käse und einer Spargelspitze belegen. Die Filets aufrollen und mit Küchengarn umwickeln. Mit dem Mehl bestäuben und kräftig salzen und pfeffern.

30 g Butter mit dem Öl bei mittlerer Temperatur in einer großen Pfanne zerlassen. Die Involtini zugeben und unter Wenden 15 Minuten garen, bis das Fleisch gar und leicht gebräunt ist. Aus der Pfanne heben und das Küchengarn entfernen.

Wein und Hühnerbrühe in die Pfanne geben und zum Kochen bringen, dabei den Bratensatz vom Pfannenboden lösen. Die restliche Butter unterrühren und so lange köcheln, bis die Sauce etwas andickt.

Die Sauce über die Involtini gießen und mit zusätzlichen Spargelspitzen servieren.

Mamas Tipp
Anstatt Weißwein eignet sich auch Marsala. Dieser verleiht der Sauce einen intensiveren Geschmack.

Anatra con verdure

Ente mit Gemüse

Für 4–6 Personen

1 junge Ente (etwa 1,4 kg)
1 Zwiebel
1 Lorbeerblatt
3 Gewürznelken
1 Bouquet garni
Salz
5 Pfefferkörner
5 Pimentkörner
500 g Karotten
500 g Petersilienwurzeln
2 EL Olivenöl
250 ml Kalbsfond
Pfeffer
2 EL fein gehackte glatte Petersilie, plus einige Stängel mehr zum Garnieren

Die Ente unter fließend kaltem Wasser abspülen und in einen großen Topf legen. Die Zwiebel mit dem Lorbeerblatt und den Gewürznelken spicken und mit dem Bouquet garni zur Ente geben. So viel kaltes Wasser zugießen, dass die Ente gut bedeckt ist. Salz, Pfeffer und Pimentkörner zufügen.

Zum Kochen bringen, dabei den Schaum von der Oberfläche abschöpfen, und bei geringer Hitze etwa 70 Minuten köcheln lassen. Die Karotten und die Petersilienwurzeln in gleich große Scheiben schneiden. Das Olivenöl in einem Topf erhitzen und das Gemüse kurz darin anbraten. Mit dem Kalbsfond ablöschen und abgedeckt 10 Minuten garen. Mit Salz und Pfeffer würzen und die Petersilie untermischen. Vom Herd nehmen und warm stellen.

Die Ente aus dem Sud heben und gut abtropfen lassen. Die Haut entfernen, Brust- und Keulenfleisch auslösen und in Scheiben schneiden. Das Entenfleisch mit dem Gemüse und etwas Fond auf vorgewärmte Suppenteller verteilen. Mit Petersilienstängeln garnieren und servieren.

Vongole veraci marinate

Marinierte Venusmuscheln

Für 4 Personen

1 kg frische Venusmuscheln
100 ml Olivenöl
1 Zwiebel, fein gehackt
2 Knoblauchzehen, fein gehackt
250 ml trockener Weißwein
1 EL fein gehackte Petersilie
Saft von ½ Zitrone
Salz und Pfeffer

Die Muscheln abbürsten und 1 Stunde in kaltes Wasser legen, dabei das Wasser mehrmals wechseln. Abgießen und alle Muscheln, die sich geöffnet haben und beim Antippen nicht schließen, wegwerfen.

2 Esslöffel Öl in einem großen Topf erhitzen. Zwiebel und Knoblauch zugeben und glasig dünsten. Mit dem Wein ablöschen und aufkochen. Die Muscheln zufügen und abgedeckt bei starker Hitze etwa 3–4 Minuten garen, dabei mehrmals am Topf rütteln.

Die Muscheln mit einem Schaumlöffel aus dem Topf heben und alle geschlossenen Exemplare wegwerfen. Die Muscheln in eine Schüssel geben und Petersilie, Zitronensaft sowie das restliche Olivenöl vorsichtig unterheben. Mit Salz und Pfeffer abschmecken und 30 Minuten ziehen lassen. Auf einer Servierplatte anrichten und servieren.

Carciofi e frutti di mare

Artischocken mit Meeresfrüchten

Für 4 Personen

- 4–6 Babyartischocken
- Saft von 2 Zitronen
- 50 ml Olivenöl
- 3 Knoblauchzehen, in Scheiben geschnitten
- Salz und Pfeffer
- 125 ml Weißwein
- Butter, zum Einfetten
- 450 g tiefgekühlte, vorgegarte gemischte Meeresfrüchte, aufgetaut
- 300 g Büffelmozzarella, in Scheiben geschnitten

Die Artischocken putzen und die Stiele auf 4 cm Länge kürzen. Die harten äußeren Blätter entfernen und die Spitzen von den inneren Blättern abschneiden. Eine Schüssel mit Wasser füllen und den Zitronensaft zugießen. Die Artischocken längs in dünne Scheiben schneiden und ins Zitronenwasser geben.

10 Minuten einweichen, dann abgießen und abtropfen lassen. Das Olivenöl in einer beschichteten Pfanne erhitzen und den Knoblauch zugeben. Goldbraun braten, dann aus der Pfanne nehmen und wegwerfen.

Die Artischockenscheiben in die Pfanne geben und anbraten. Mit Salz und Pfeffer würzen, dann mit Weißwein ablöschen. Die Pfanne bedecken und die Artischocken bei mittlerer Hitze etwa 30 Minuten schmoren; dabei immer wieder an der Pfanne rütteln. Den Backofen auf 220 °C vorheizen und eine Auflaufform mit Butter einfetten.

Die Artischockenscheiben in die Form geben und mit dem Kochsud übergießen. Die Meeresfrüchte darübergeben und mit Mozzarellascheiben belegen. Etwa 20–25 Minuten im Ofen goldbraun gratinieren. Sofort servieren.

Gamberi in padella
Gebratene Riesengarnelen

Für 4 Personen

4 Knoblauchzehen
20–24 Riesengarnelen mit Schale
120 g Butter
4 EL Olivenöl
6 EL Weinbrand
Salz und Pfeffer
2 EL frisch gehackte Petersilie,
zum Garnieren
Zitronenspalten, zum Servieren

Den Knoblauch schälen und in Scheiben schneiden.

Die Garnelen unter fließend kaltem Wasser abspülen und mit Küchenpapier trocken tupfen.

Butter und Öl in einer großen Pfanne erhitzen. Knoblauch und Garnelen zugeben und 3–4 Minuten unter Rühren scharf anbraten, bis die Garnelen gar sind.

Mit dem Weinbrand beträufeln und alles mit Salz und Pfeffer abschmecken. Garnelen und Sud auf eine Servierplatte geben und mit der Petersilie bestreuen. Mit Zitronenspalten servieren.

Mamas Utensilien für das Festmahl

Ein großes Fest muss gut geplant sein. Bevor Sie loslegen, sollten Sie Ihre Küche auf Vordermann bringen – räumen Sie richtig auf. Machen Sie eine Liste mit allem, was Sie benötigen, und legen Sie es griffbereit auf die Arbeitsfläche.

Halten Sie Ihre Messer in Ehren. Ohne Messer läuft nichts in der Küche: Sie benutzen sie nicht nur zum Kleinschneiden, sie sind vielmehr das Werkzeug, mit dem Sie Ihre Fantasie und Ihre Leidenschaft fürs Kochen ausdrücken. Halten Sie die Messer sauber und scharf. Pflegen Sie sie wie ein Bildhauer seine Meißel und ein Maler seine Pinsel. Ohne gute Messer sind Sie kein guter Koch.

Verwenden Sie verschiedene Schneidebretter für verschiedene Lebensmittel – Mama hat eins für Fisch, eins für Fleisch, eins für Gemüse und eins für Brot und Käse.

Hölzerne Kochlöffel kann man nie genug haben. Ich habe zwei ausgediente Olivenölkanister voll mit unterschiedlichen Löffeln für Süßes und Herzhaftes.

Kaufen Sie die größten und besten Backformen und Schmortöpfe, die Sie sich leisten können. Wenn Sie für Familie, Freunde und das halbe Dorf kochen, wie Mama, dann ist ihr Wert nicht in Gold aufzuwiegen.

Jeder Koch und jede Köchin sollte mindestens einen großen Topf besitzen, am besten einen, den Sie auch in den Ofen stellen können. Mit einem solchen Topf können Sie nicht nur köstliche Eintöpfe kochen, die sich so gut für große Gesellschaften eignen, sondern können auch im Ofen und auf dem Herd gleichzeitig verschiedene Speisen zubereiten.

Denken Sie daran, dass Sie die besten Kochutensilien nicht kaufen können. Ihre Sinne sind unersetzlich: Kochen Sie mit Augen, Nase und vor allem dem Gaumen.

Tiramisù bianco con fragole

Weißes Tiramisu mit Erdbeeren

Für 6 Personen

2 Eier, getrennt
80 g Puderzucker, gesiebt
350 g Mascarpone
100 ml Vollmilch
125 ml Marsala
20 Löffelbiskuits
50 g Mandeln, gehackt

Zum Garnieren
50 g grob geriebene weiße Blockschokolade
halbierte Erdbeeren

Eigelb und Zucker in einer Rührschüssel mit dem elektrischen Handrührgerät oder dem Schneebesen cremig schlagen. Den Mascarpone zugeben und alles gut verrühren.

In einer weiteren Rührschüssel das Eiweiß sehr steif schlagen und anschließend unter die Mascarpone-Mischung ziehen.

Die Vollmilch in eine flache Schüssel geben und den Marsala zugießen. Die Löffelbiskuits kurz in die Marsala-Milch tauchen und die Hälfte davon auf dem Boden einer Auflaufform (25 cm Ø) verteilen. Mit der Hälfte der Mandeln bestreuen.

Die Hälfte der Mascarpone-Creme daraufgeben und die restlichen Biskuits und Mandeln darüber verteilen. Mit der restlichen Mascarpone-Creme bestreichen. Mit Frischhaltefolie abdecken und 2–3 Stunden in den Kühlschrank stellen.

Zum Servieren aus dem Kühlschrank nehmen und mit der weißen Schokolade sowie den Erdbeerhälften garnieren.

Pere con Marsala
Birnen in Marsala-Sauce

Für 4 Personen

4 feste Birnen
50 g Zucker
2 Zimtstangen
125 ml Marsala
150 g Crème fraîche,
zum Servieren

Die Birnen vorsichtig schälen. Das Unterteil jeder Birne abschneiden und entfernen. Das Kerngehäuse mit einem spitzen Messer von der unteren Seite heraustrennen.

Die Birnen in einen Topf geben und knapp mit Wasser bedecken. Zucker und Zimtstangen zufügen.

Unter Rühren langsam zum Kochen bringen, bis sich der Zucker aufgelöst hat. Abdecken und je nach Festigkeit der Früchte 20–30 Minuten weich garen. Den Topf vom Herd nehmen.

Die Birnen mit einem Schaumlöffel herausheben und auf Servierschalen verteilen. Die Zimtstangen entfernen, den Topf zurück auf den Herd stellen und die Flüssigkeit 2–3 Minuten einkochen. Den Marsala einrühren und den Sud über die Birnen gießen.

Sofort servieren oder bis zum Servieren in den Kühlschrank stellen. Crème fraîche dazureichen.

Mamas Tipp

Birnen können auch in rotem oder weißem Wein gegart werden.

In der toskanischen Küche werden in Marsala gegarte Birnen gern zusammen mit Walnüssen und Käse zum Salat gereicht.

Panforte di Siena
Toskanischer Weihnachtskuchen

Ergibt 12–14 Stücke

- 90 g Haselnüsse
- 120 g Mandeln
- 80 g Zitronat
- 50 g kandierte Aprikosen, fein gehackt
- 50 g kandierte Ananas, fein gehackt
- abgeriebene Schale von 1 Orange
- 50 g Mehl
- 2 EL Kakaopulver
- 1 TL Zimt
- 1/4 TL gemahlener Koriander
- 1/4 TL frisch geriebene Muskatnuss
- 1/4 TL gemahlene Gewürznelken
- 120 g Zucker
- 170 g Honig
- Puderzucker, zum Bestäuben

Den Backofen auf 180 °C vorheizen. Eine Springform (20 cm Ø) mit Backpapier auslegen. Die Haselnüsse auf einem Backblech ausbreiten und 10 Minuten goldbraun rösten. Die Nüsse auf ein Küchentuch geben und die Haut abreiben. Unterdessen die Mandeln auf dem Backblech ausbreiten und 10 Minuten goldbraun rösten. (Achtung, sie können leicht verbrennen.)

Die Ofentemperatur auf 150 °C reduzieren. Die Nüsse hacken und in eine große Schüssel geben. Zitronat, Aprikosen, Ananas und Orangenschale zugeben und alles gut vermischen. Mehl, Kakaopulver, Zimt, Koriander, Muskat und Nelken in die Schüssel sieben und alles gut vermischen.

Zucker und Honig in einen Topf geben und bei geringer Hitze rühren, bis der Zucker aufgelöst ist. Aufkochen und 5 Minuten andicken lassen. Die Nussmischung in den Topf geben, rühren und vom Herd nehmen. Die Masse in die vorbereitete Springform geben und mit einem feuchten Löffelrücken glatt streichen. 1 Stunde im Ofen backen, dann in der Form abkühlen lassen. Den Kuchen vorsichtig aus der Form heben und das Backpapier entfernen. Vor dem Servieren mit Puderzucker bestäuben und in Stücke schneiden.

Mamas Wohlfühlrezepte

Beim Kochen geht es nicht nur darum, für andere zu sorgen. Mama kocht gern für Alberto und die Kinder, aber sie muss auch etwas für sich tun! Die Wohlfühlrezepte sind für die Tage gedacht, an denen Sie sich ein wenig niedergeschlagen fühlen und eine Aufheiterung gebrauchen können . . . oder wenn Sie sich auch nur bei einem einfachen, köstlichen Gericht entspannen wollen. Pizza, Ravioli, Frittata, ein herzhafter Meeresfrüchteeintopf oder ein Pannetone-Auflauf, der Sie von innen wärmt.

Dieses Kapitel ist Mamas *cibo per l'anima:* also Seelennahrung.

Meine Lieblings-pizzas

Grundrezept Pizzateig

25 g frische Hefe oder
7 g Trockenhefe
½ TL Zucker
125 ml lauwarmes Wasser
425 g Mehl, plus etwas
mehr zum Bestäuben
1 TL Salz
3 EL Olivenöl
5-7 EL Wasser

Die Hefe in eine kleine Schüssel krümeln und mit dem Zucker bestreuen. Wasser zugeben und verrühren, bis sich Hefe und Zucker auflösen. Mit einem sauberen Küchentuch abdecken und an einem warmen Ort 30 Minuten gehen lassen.

Das Mehl in eine große Schüssel sieben. Eine Mulde in die Mitte drücken und die Hefemischung, Salz, Olivenöl und Wasser hineingeben.

Alles mit den Händen zu einem glatten, elastischen Teig verkneten und diesen zu einer Kugel formen. Mit etwas Mehl bestäuben, abdecken und nochmals etwa 1 Stunde an einem warmen Ort gehen lassen. Die Kugel sollte ihr Volumen verdoppeln.

Pizza alla marinara
Pizza auf Seemannsart

1 Portion Pizzateig (siehe
Grundrezept)
Mehl, zum Bestäuben
800 g Pizzatomaten aus der Dose
3-4 Knoblauchzehen, fein gehackt
1 EL getrockneter Oregano
Salz und Pfeffer
50 g Kapern
100 g schwarze Oliven
200 g geriebener Bel-Paese-Käse
3 EL Olivenöl, plus etwas mehr
zum Einfetten

Den Backofen auf 220 °C vorheizen und 4 runde Pizzaformen mit Olivenöl einfetten.

Den Teig in 4 gleich große Portionen teilen und diese auf einer leicht bemehlten Arbeitsfläche zu Kreisen ausrollen. Die Pizzaformen mit den Teigkreisen auslegen.

Die Pizzatomaten auf dem Teig verteilen, Knoblauch, Oregano, Salz und Pfeffer darübergeben. Mit den Kapern und Oliven belegen und mit Käse bestreuen. Das Olivenöl darüberträufeln und die Pizzen etwa 20 Minuten im Ofen backen.

Pizza quattro stagioni
Vier-Jahreszeiten-Pizza

4 EL Olivenöl, plus etwas mehr zum Einfetten
1 EL Butter
200 g frische Champignons, in Scheiben
4 Tomaten
200 g gekochter Schinken
200 g Mozzarella
4 eingelegte Artischockenherzen, abgetropft
1 Portion Pizzateig (siehe Grundrezept)
Mehl, zum Bestäuben
16 schwarze Oliven
Salz und Pfeffer
1 TL getrockneter Oregano

Den Backofen auf 220 °C vorheizen und 4 runde Pizzaformen mit Olivenöl einfetten. Die Butter in einer Pfanne zerlassen, die Champignons zugeben und 10 Minuten unter Rühren braten. Beiseitestellen. Die Tomaten häuten, vierteln, entkernen und klein würfeln. Den Schinken würfeln und den Mozzarella in dünne Scheiben schneiden. Die Artischockenherzen vierteln.

Den Pizzateig in 4 gleich große Portionen teilen und auf einer leicht bemehlten Arbeitsfläche zu Kreisen ausrollen. Die Pizzaformen mit den Teigkreisen auslegen.

Tomaten und Mozzarella gleichmäßig darauf verteilen. Je ein Viertel jedes Teigkreises mit Champignons, eins mit Schinken, eins mit Artischocken und eins mit Oliven belegen. Mit Salz, Pfeffer und Oregano würzen und mit Olivenöl beträufeln. 20 Minuten im Ofen backen.

Pizza Margherita

90 ml Olivenöl, plus etwas mehr zum Einfetten
2 kleine Zwiebeln, gewürfelt
400 g Pizzatomaten
500 g passierte Tomaten
1 TL getrockneter Oregano
Salz und Pfeffer
1 Portion Pizzateig (siehe Grundrezept)
Mehl zum Bestäuben
400 g Mozzarella, in dünnen Scheiben
frische Basilikumblätter, zum Garnieren

4 Esslöffel Olivenöl in einem großen Topf erhitzen, die Zwiebel zugeben und glasig dünsten. Pizzatomaten, passierte Tomaten und den Oregano dazugeben und alles mit Salz und Pfeffer abschmecken. Die Sauce etwa 30 Minuten bei mittlerer Hitze köcheln lassen.

Den Backofen auf 220 °C vorheizen und 4 runde Pizzaformen mit Olivenöl einfetten. Den Pizzateig in 4 gleich große Portionen teilen und auf einer leicht bemehlten Arbeitsfläche zu Kreisen ausrollen. Die Pizzaformen mit den Teigkreisen auslegen.

Die Tomatensauce gleichmäßig darauf verteilen, mit dem Mozzarella belegen und mit dem restlichen Olivenöl beträufeln. Etwa 20 Minuten im Ofen backen, anschließend mit Basilikum garnieren und sofort servieren.

Frittata con prezzemolo

Omelett mit Petersilie

Für 4 Personen

1 Bund glatte Petersilie
6 Eier
Salz und Pfeffer
4 EL Olivenöl

Die Petersilie abspülen, trocken tupfen und die Blättchen grob hacken. Die Eier mit Salz und Pfeffer in einer Schüssel verquirlen. Die Petersilie unterrühren.

In einer großen Pfanne das Olivenöl erhitzen. Die Eimasse hineingießen und die Oberfläche mit einem Holzlöffel glatt streichen. Die Hitze reduzieren und die Eimasse stocken lassen.

Sobald das Omelett an der Unterseite zu bräunen beginnt, mithilfe eines Tellers im Ganzen wenden. Das Omelett auch auf der anderen Seite goldbraun backen. Aus der Pfanne nehmen, in 4 gleich große Stücke teilen und heiß oder zimmerwarm servieren.

Omelette agli spinaci e mozzarella

Spinat-Mozzarella-Omelett

Für 4 Personen

1 EL Butter
4 Eier, leicht verquirlt
50 g Mozzarella, gewürfelt
1 Handvoll junge Spinatblätter,
Stiele entfernt
Salz und Pfeffer
1 in Öl eingelegte Paprika,
in Streifen geschnitten,
zum Garnieren

Eine beschichtete Pfanne (25 cm Ø) erhitzen und die Butter darin zerlassen. Die Eier zugeben und mit Salz und Pfeffer würzen. So lange anbraten, bis die Eimischung leicht gestockt ist, dabei die Ränder mit einem Pfannenwender anheben, damit noch flüssiges Ei herunterlaufen kann.

Käse und Spinat auf dem Omelett verteilen und einige Minuten weiterbraten. Sobald die Eimischung ganz gestockt ist, das Omelett vorsichtig in der Mitte überklappen. Ein paar Sekunden weiterbraten, dabei mit dem Pfannenwender zusammenpressen.

Das Omelett wenden und weitere 30 Sekunden braten. Das Omelett auf eine vorgewärmte Servierplatte geben und in Streifen schneiden. Mit den Paprikastreifen garnieren und sofort servieren.

Mamas Top-Ten-Tipps für Lebensfreude

1 Mamas Philosophie ist molto einfach: Tu etwas, was Dir Freude macht. Kochen macht Dir Freude? Dann koche. Lesen macht Dir Freude? Lies. Man muss das Leben genießen.

2 Geh jeden Tag an die frische Luft. Wind, Sonne, sogar Regen auf unseren Gesichtern lassen uns spüren, dass wir lebendig sind. Und dass Lebendigsein das Allerschönste ist.

3 Sprich mit Kindern. Kinderlachen ist wunderbar ansteckend.

4 Konzentrier Dich auf die schönen Dinge. Ist das ein Klischee? Die Welt besteht aus Klischees! Egal, wie schlecht die Dinge aussehen mögen, alles hat eine Kehrseite. Mamas Regel lautet: Wenn Du mehr Gutes in Deinem Leben findest, als Du an zwei Händen abzählen kannst, dann reicht das für das ganze Leben.

5 Bleib aktiv. Wenn Du zu lange still sitzt, vergeht Dir die Lust an Bewegung.

6 Bleib optimistisch. Wenn Du versuchst, Deine Aufgaben so gut wie möglich zu erfüllen, wird das meiste klappen.

7 Pflege ein enges Verhältnis zur Familie. Falls Du weit entfernt wohnst, ruf an oder schreib einen Brief. Zwei meiner Söhne arbeiten weit entfernt in Bari, aber Gianluca, der Jüngste, sagt, dass man per Handy oder E-Mail täglich Kontakt halten kann. Ich weiß zwar nicht genau, was er damit meint, aber es hört sich wunderbar an.

8 Schließ Deine Augen und iss eine Traube, eine Olive, ein Stück Käse, eine getrocknete Tomate. Freude pur!

9 Vergiss nicht: Das Leben ist nicht immer einfach ... aber auch nicht immer zum Verzweifeln. Unglück, Trauer, Sorgen gehören dazu – ebenso große Freude. Und Lachen, Liebe, Schönheit, Wärme, Geborgenheit ... Schon die einfachsten Vergnügen wie ein gutes Ciabatta oder ein Glas Wein mit einem Mann wie Alberto gleichen so manches Unheil wieder aus.

10 Ein voller Bauch schenkt Zufriedenheit. Alberto ist der glücklichste Mann, den ich kenne – und kein anderer Mann in Italien isst so gut wie er.

Polpette di spinaci e ricotta
Spinat-Ricotta-Plätzchen

Für 4 Personen

- 450 g frischer Spinat, geputzt
- 250 g Ricotta
- 1 Ei, verquirlt
- 2 TL Fenchelsamen, leicht zerstoßen
- Salz und Pfeffer
- 50 g Pecorino oder Parmesan, fein gerieben, plus etwas mehr zum Garnieren
- 30 g Mehl
- 1 TL getrockneter Thymian
- 70 g Butter
- 2 Knoblauchzehen, zerdrückt
- Tomatenviertel, zum Servieren

Eine große Pfanne erhitzen und den Spinat portionsweise hineingeben. Die Pfanne bedecken und den Spinat bei mittlerer Hitze etwa 4–5 Minuten dünsten, bis er zusammengefallen ist. Spinat in ein Sieb geben und gut abtropfen lassen.

Den Ricotta in eine Schüssel geben und mit Ei, Fenchelsamen, Salz, Pfeffer und Pecorino vermengen.

Den Spinat gut ausdrücken, fein hacken und unter die Ricotta-Mischung rühren. Das Mehl auf einem flachen Teller verteilen und mit dem Thymian vermischen. Jeweils 1 Esslöffel der Spinatmischung mit den Händen zu einer Kugel formen und flach drücken. Gut in der Mehlmischung wenden und auf einen Teller legen. Mit der restlichen Spinatmischung ebenso verfahren.

Eine große Pfanne zur Hälfte mit Wasser füllen und dieses zum Kochen bringen. Die Spinatplätzchen hineingeben und 3–4 Minuten köcheln lassen, bis sie an die Oberfläche steigen. Mit einem Schaumlöffel herausheben und auf einen Servierteller legen.

Die Butter in einem Topf zerlassen und den Knoblauch darin 2–3 Minuten dünsten. Die Knoblauchbutter über die Spinatplätzchen gießen. Mit Pfeffer und etwas Pecorino bestreuen und mit Tomatenvierteln servieren.

Mozzarella in carrozza

Mozzarella-Ecken

Für 4 Personen

8 Scheiben Kastenweißbrot vom Vortag, Kruste entfernt
100 g Mozzarella, in dicke Scheiben geschnitten
50 g schwarze Oliven, entsteint und gehackt
8 eingelegte Sardellenfilets, abgespült, abgetropft und gehackt
16 frische Basilikumblätter, plus einige mehr zum Garnieren
Salz und Pfeffer
4 Eier, verquirlt
150 ml Milch
Öl, zum Frittieren

Jede Brotscheibe in 2 Dreiecke schneiden. 8 der Dreiecke mit je 1 Scheibe Mozzarella, Oliven, Sardellenfilets und 2 Basilikumblättern belegen. Mit Salz und Pfeffer würzen.

Die restlichen 8 Brotdreiecke auf die belegten legen und die Kanten fest zusammendrücken.

Eier und Milch in einer Schüssel verquirlen und in eine flache Auflaufform gießen. Die Brotecken vorsichtig darin wenden und 5 Minuten ziehen lassen.

Das Öl in einer großen Pfanne auf 180 °C erhitzen (ein Brotwürfel bräunt darin in 30 Sekunden).

Die Kanten der Brotecken noch einmal fest zusammendrücken. Die Brotecken portionsweise vorsichtig ins Öl tauchen und 2 Minuten goldbraun frittieren, dabei einmal wenden. Mit einem Schaumlöffel aus dem Öl heben und auf Küchenpapier abtropfen lassen. Mit den Basilikumblättern garnieren und sofort servieren.

Patate e finocchio al forno
Kartoffel-Fenchel-Auflauf

Für 6 Personen

1 kg Kartoffeln
2-3 Fenchelknollen
4 EL Olivenöl
Salz und Pfeffer
1 Zwiebel, fein gehackt
2 Knoblauchzehen, zerdrückt
4 frische Salbeiblätter
150 ml trockener Weißwein

Den Backofen auf 200 °C vorheizen. Die Kartoffeln schälen und in dünne Scheiben schneiden. Den Fenchel putzen und in dünne Scheiben schneiden.

Eine große Auflaufform mit der Hälfte des Öls einfetten.

Die Hälfte der Kartoffelscheiben auf dem Boden der Form verteilen und kräftig salzen und pfeffern. Die Hälfte der Zwiebel und des Knoblauchs darübergeben und mit den Fenchelscheiben bedecken. Restliche Zwiebel und Knoblauch darüberschichten und noch einmal salzen und pfeffern. Die Salbeiblätter in die Gemüsemischung drücken. Eine letzte Schicht Kartoffelscheiben auf dem Auflauf verteilen und noch einmal mit Salz und Pfeffer bestreuen. Mit dem Wein übergießen und das restliche Öl darüberträufeln.

Den Auflauf mit Alufolie abdecken und im Ofen 30 Minuten backen. Die Alufolie abnehmen und weitere 20–30 Minuten backen, bis die Kartoffeln gebräunt sind. Sofort servieren.

Mamas Tipp
Eine Küchenmaschine mit einem Scheibenschneider kann bei den Kartoffeln helfen, aber ideal geraten sie doch mit einem einfachen Gemüsehobel.

Ravioli alla zucca

Kürbisravioli

Für 4 Personen

Teig
- 300 g Hartweizenmehl, plus etwas mehr zum Bestäuben
- 2 Eier
- 1 EL Öl
- ½ TL Salz
- 1 TL Essig
- 3–4 EL Wasser

Füllung
- 1 EL Olivenöl
- 450 g Kürbisfleisch, gewürfelt
- 1 Schalotte, fein gewürfelt
- 125 ml Wasser, plus etwas mehr zum Einpinseln
- 50 g Parmesan, gerieben
- 1 Ei
- 1 EL frisch gehackte Petersilie
- Salz und Pfeffer

Für den Teig alle Zutaten zu einem glatten Teig verkneten. In Frischhaltefolie einwickeln und 1 Stunde in den Kühlschrank legen.

Für die Füllung das Olivenöl in einem Topf erhitzen, Kürbis und Schalotten zugeben und einige Minuten anbraten. Das Wasser zugießen und den Kürbis kochen, bis die Flüssigkeit aufgesogen ist. Die Kürbismischung leicht abkühlen lassen, dann Käse, Ei, Petersilie, Salz und Pfeffer unterrühren.

Den Teig halbieren. Beide Hälften auf einer leicht bemehlten Arbeitsfläche dünn ausrollen. Mit einem Teelöffel kleine Portionen der Kürbismasse mit etwa 4 cm Abstand auf die eine Teigschicht setzen. Die Zwischenräume leicht mit Wasser einpinseln. Das zweite Teigblatt darauflegen und in den Zwischenräumen fest andrücken. Dann die Ravioli mit einem Teigrad teilen und an den Rändern mit einer Gabel andrücken.

Die Ravioli 30 Minuten trocknen lassen, dann in einem großen Topf mit kochendem Salzwasser al dente garen. Abgießen, abtropfen lassen und servieren.

Ravioli al formaggio
Ravioli mit Schafskäse

Teig
300 g Hartweizenmehl, plus etwas mehr zum Bestäuben
2 Eier
1 EL Öl
½ TL Salz
1 TL Essig
3-4 EL Wasser

Füllung
250 g Schafskäse
2 Knoblauchzehen, fein gehackt
2 EL fein gehackte frische Petersilie
1 frische rote Chili, entkernt und fein gehackt
Salz und Pfeffer

Für den Teig alle Zutaten zu einem glatten, elastischen Teig verkneten. In Frischhaltefolie einwickeln und 1 Stunde in den Kühlschrank legen.

Für die Füllung den Käse zerbröckeln und mit Knoblauch, Petersilie und Chili vermengen. Alles mit Salz und Pfeffer würzen.

Die Ravioli wie im nebenstehenden Kürbisravioli-Rezept fertigstellen.

Farfalle con pomodori secchi e basilico

Farfalle mit Tomaten-Basilikum-Pesto

Für 4 Personen

- 30 g getrocknete Tomaten
- 50 g Pinienkerne
- 1 Bund Basilikum
- 2 Knoblauchzehen, gehackt
- ½ TL Salz
- 100 ml Olivenöl
- 1 EL frisch geriebener Parmesan
- 400 g Farfalle
- Pfeffer

Die getrockneten Tomaten mit heißem Wasser übergießen und 25 Minuten quellen lassen. Das Wasser abgießen, die Tomaten gut ausdrücken und fein hacken.

Eine Pfanne erhitzen, die Pinienkerne zufügen und trocken goldbraun rösten. Das Basilikum abspülen und trocken tupfen, dann die Blätter abzupfen. In einem großen Mörser die Hälfte der Pinienkerne mit den Basilikumblättern, dem Knoblauch und dem Salz zerstoßen. Nach und nach das Olivenöl einarbeiten, zuletzt den Parmesan unterrühren.

Die Tomatenstücke unter das Pesto rühren.

Die Nudeln in reichlich kochendem Salzwasser gemäß der Packungsanleitung al dente garen. Abgießen und noch tropfnass in einer vorgewärmten Schüssel mit dem Pesto vermengen. Auf vorgewärmten Tellern anrichten, mit Pfeffer würzen und mit den restlichen Pinienkernen bestreuen. Sofort servieren.

Cannelloni agli spinaci

Spinat-Cannelloni

Für 4 Personen

600 g Blattspinat
1 kleine Zwiebel, fein gehackt
20 g Butter, plus etwas mehr zum Einfetten
200 g Ricotta
Salz und Pfeffer
frisch geriebene Muskatnuss
12 Cannelloni-Rollen, gebrauchsfertig
600 ml Béchamelsauce
50 g frisch geriebener Parmesan

Den Blattspinat putzen und waschen. In einem Topf die Butter zerlassen, Zwiebel zufügen und glasig dünsten.

Spinat noch tropfnass zugeben, den Topf bedecken und den Spinat zusammenfallen lassen. Dann in einem Sieb gut abtropfen lassen und anschließend fein hacken. Den Spinat in einer Schüssel mit dem Ricotta vermischen und alles mit Salz, Pfeffer und Muskatnuss abschmecken. Den Backofen auf 200 °C vorheizen.

Eine Auflaufform einfetten. Die Spinatmasse in einen Spritzbeutel mit großer Tülle geben und die Cannelloni damit füllen. Nebeneinander in die Form legen, mit der Béchamelsauce überziehen und mit Parmesan bestreuen. Etwa 30 Minuten im Ofen gratinieren. Sofort servieren.

Gnocchi alla Romana
Gnocchi auf römische Art

Für 4 Personen

470 ml Milch
400 ml Wasser
110 g Butter, plus etwas mehr zum Einfetten
Salz
250 g Hartweizengrieß
100 g frisch geriebener Parmesan
2 Eigelb
Pfeffer
geriebene Muskatnuss
2 EL geriebener Fontina-Käse

Milch, Wasser, 2 Esslöffel Butter und ½ Teelöffel Salz in einen großen Topf geben und aufkochen.

Den Grieß langsam einstreuen und bei geringer Hitze 25–30 Minuten unter ständigem Rühren kochen. Dann die Masse in eine Schüssel füllen und mit 2 Esslöffeln Parmesan und dem Eigelb vermengen. Mit Salz, Pfeffer und Muskatnuss abschmecken. Beiseitestellen.

Den Backofen auf 200 °C vorheizen. Eine Auflaufform einfetten. Mithilfe von 2 Esslöffeln Gnocchi aus dem Grießteig formen und in die Auflaufform setzen. Den restlichen Parmesan mit dem Fontina mischen und über die Gnocchi streuen. Die restliche Butter zerlassen und über den Käse gießen. Die Gnocchi 20 Minuten im Ofen goldbraun überbacken. Sofort servieren.

Quadrucci

Ragù alla Bolognese

Bolognese-Sauce

Fettucine

Für 4 Personen

30 g getrocknete Steinpilze
125 ml lauwarmes Wasser
1 EL Butter
50 g Pancetta oder Speck, gewürfelt
1 kleine Zwiebel, fein gehackt
1 Knoblauchzehe, fein gehackt
2 kleine Karotten, fein gewürfelt
2 Selleriestangen, fein gewürfelt
300 g Rinderhackfleisch
Salz und Pfeffer
1 Prise Zucker
frisch geriebene Muskatnuss
1 EL Tomatenmark
125 ml Rotwein
250 g passierte Tomaten

Die Steinpilze 20 Minuten in dem Wasser einweichen.

Die Butter in einer Pfanne zerlassen und den Pancetta darin knusprig braten.

Zwiebel und Knoblauch zufügen und glasig dünsten. Karotten und Sellerie zugeben und unter Rühren einige Minuten garen.

Das Hackfleisch untermischen und unter Rühren krümelig braten. Mit Salz, Pfeffer, Zucker und Muskatnuss würzen. Das Tomatenmark einrühren. Mit dem Rotwein und den passierten Tomaten ablöschen. Die Steinpilze abgießen, dabei das Wasser auffangen. Die Pilze fein hacken und zur Sauce geben. Das Einweichwasser durch ein feines Sieb zugießen. Die Sauce bei geringer Hitze 1 Stunde köcheln lassen und zu Pasta nach Wahl servieren.

Tagliatelle

Spaghetti

Farfalle
Penne
Fusilli
Conchiglie
Capelli d'Angelo
Cannelloni

Spaghetti alla carbonara

Spaghetti Carbonara

Für 4 Personen

400 g Spaghetti
4 Eier
4 EL Crème double
50 g frisch geriebener Parmesan
50 g frisch geriebener Pecorino
Salz und Pfeffer
20 g Butter
150 g Pancetta oder Speck, fein gewürfelt
frisch gemahlener schwarzer Pfeffer, zum Garnieren

Die Spaghetti in einem großen Topf mit kochendem Salzwasser nach Packungsanleitung al dente kochen.

Inzwischen Eier, Crème double, beide Käsesorten sowie Salz und Pfeffer nach Geschmack in einer Schüssel glatt rühren.

Die Butter in einer großen Pfanne zerlassen und den Pancetta darin knusprig braten.

Die Pasta abgießen, nur leicht abtropfen lassen und zum Pancetta in die Pfanne geben. Die Eimischung darübergießen. Vom Herd nehmen und rühren, bis alles heiß, aber schön cremig ist. Auf Teller verteilen, mit schwarzem Pfeffer bestreuen und servieren.

Lasagne al forno

Rindfleischlasagne mit Ricotta

Für 6 Personen

170 ml Olivenöl
50 g Butter, plus etwas mehr zum Einfetten
100 g Pancetta, gewürfelt
1 Zwiebel, fein gehackt
1 Selleriestange, fein gehackt
1 Karotte, fein gehackt
350 g Rindfleisch am Stück
5 EL Rotwein
2 EL Paste aus getrockneten Tomaten oder Pesto rosso
Salz und Pfeffer
200 g italienische Schweinswürste
2 Eier
150 g frisch geriebener Parmesan
30 g frische Semmelbrösel
350 g Ricotta
8 Lasagneblätter, gebrauchsfertig
350 g Mozzarella, in Scheiben
frisch gehackte Petersilie, zum Garnieren

100 ml Öl und die Butter in einem großen Topf erhitzen. Speck, Zwiebel, Sellerie und Karotte zugeben und alles bei geringer Hitze unter gelegentlichem Rühren 5 Minuten garen. Die Hitze erhöhen, das Fleisch zugeben und rundum anbräunen. Rotwein und Tomatenpaste zufügen, alles mit Salz und Pfeffer abschmecken und kurz aufkochen. Die Hitze reduzieren, den Topf bedecken und alles 1 1/2 Stunden schmoren, bis das Fleisch gar ist.

Inzwischen 2 Esslöffel Öl in einer Pfanne erhitzen. Die Wurst zugeben und unter Rühren 8–10 Minuten braten. Aus der Pfanne nehmen und häuten. In dünne Scheiben schneiden und beiseitestellen.

Das Fleisch aus dem Topf heben, auf ein Schneidebrett legen und fein würfeln. Die Hälfte des Fleischs zurück in die Sauce geben. Das restliche Fleisch mit 1 Ei, 1 Esslöffel Parmesan und den Semmelbröseln in einer Schüssel vermengen. Die Mischung zu walnussgroßen Bällchen formen. Das restliche Öl in einer Pfanne erhitzen. Die Fleischbällchen

5–8 Minuten rundum anbräunen. Mit einem Schaumlöffel aus der Pfanne heben und beiseitestellen.

Den Ricotta durch ein Sieb in eine Schüssel passieren. Das zweite Ei und 4 Esslöffel Parmesan unterrühren und alles mit Salz und Pfeffer würzen.

Den Backofen auf 180 °C vorheizen. Eine rechteckige Auflaufform einfetten. Lasagneblätter, Ricottamischung, Fleischsauce, Fleischbällchen, Wurst und Mozzarella schichtweise in die Form füllen. Mit einer Schicht Ricotta abschließen und mit dem restlichen Parmesan bestreuen.

Die Lasagne im Ofen 20–25 Minuten goldbraun überbacken. Mit Petersilie bestreuen und sofort servieren.

Fritto misto di mare

Meeresfrüchte im Teigmantel

Für 4–6 Personen

18 rohe Riesengarnelen
250 g Tintenfisch, küchenfertig
6 Meerbarbenfilets
Olivenöl, zum Frittieren
Zitronenspalten, zum Servieren

Teigmantel
180 g Mehl
Salz und Pfeffer
2 Eier
250 ml kaltes Wasser

Für den Teig das Mehl in eine Schüssel sieben. Salz und Pfeffer nach Geschmack zugeben und in die Mitte eine Vertiefung drücken. Die Eier über der Vertiefung aufschlagen und das Wasser zugießen. Alles vorsichtig zu einem glatten Teig verrühren.

Die Garnelen auslösen und die Darmfäden entfernen. Den Tintenfisch in Ringe (Tentakel in Stücke) schneiden und die Fischfilets würfeln.

Das Öl in einer Fritteuse oder in einem großen Topf auf 180 °C erhitzen (ein Brotwürfel bräunt darin in 30 Sekunden). Die Fischstücke und Meeresfrüchte in den Teig tauchen und überschüssigen Teig abschütteln. Dann portionsweise ins heiße Öl tauchen und etwa 2–3 Minuten goldbraun ausbacken. Mit einem Schaumlöffel herausheben, auf Küchenpapier abtropfen lassen und warm stellen, bis alle Stücke gegart sind.

Auf vorgewärmten Serviertellern anrichten, nach Belieben salzen und mit Zitronenspalten servieren.

Il cacciucco alla Livornese

Meeresfrüchteeintopf

Die Fischfilets in Drittel schneiden. Den Seeteufel entgräten (die Gräten können für den Fischfond verwendet werden) und in ähnlich große Stücke schneiden. Den Tintenfischmantel in dicke Ringe schneiden (die Tentakel können ebenfalls für den Fischfond verwendet werden).

Das Öl in einem großen Topf erhitzen. Zwiebel, Knoblauch und Fenchel zugeben und bei mittlerer Hitze unter Rühren 4–5 Minuten garen. Den Wein zugießen und einkochen lassen. Die Tomaten zugeben und alles zum Kochen bringen. Herunterschalten und etwa 10–15 Minuten köcheln lassen, bis die Sauce andickt.

Für 6 Personen

- 4 Meerbarbenfilets
- 450 g Seeteufel
- 400 g Tintenfisch, küchenfertig
- 3 EL Olivenöl
- 1 Zwiebel, fein gehackt
- 2 Knoblauchzehen, fein gehackt
- 2 Fenchelknollen, in dünne Scheiben geschnitten
- 150 ml trockener Weißwein
- 600 g gehackte Tomaten aus der Dose
- 750 ml Fischfond
- 500 g Miesmuscheln, abgebürstet und Bärte entfernt
- 18 rohe Riesengarnelen, ausgelöst und Darmfäden entfernt
- Salz und Pfeffer

Zum Servieren

- 2 EL frisch gehackte glatte Petersilie
- 6 geröstete Weißbrotscheiben, mit Knoblauch eingerieben und mit Olivenöl beträufelt

Inzwischen den Fond in einem weiteren großen Topf zum Kochen bringen, die Miesmuscheln zugeben und abgedeckt bei hoher Hitze 3–4 Minuten kochen, bis die Muscheln sich geöffnet haben. Dabei gelegentlich am Topf rütteln. Muscheln, die sich nicht geöffnet haben, wegwerfen. Die Muscheln abgießen, dabei den Sud auffangen. Die Hälfte der Muscheln aus den Schalen lösen und dann alle Muscheln warm stellen. Den aufbewahrten Muschelsud in die Tomatenmischung geben und alles zum Kochen bringen. Beide Fischsorten, Tintenfisch und Garnelen in den Topf geben und 2–3 Minuten gar kochen. Alle Muscheln zugeben und gut erhitzen. Mit Salz und Pfeffer abschmecken.

Den Eintopf auf vorgewärmte Suppenteller verteilen. Mit Petersilie bestreuen und mit gerösteten Weißbrotscheiben servieren.

Mamas Tipps für mehr Gelassenheit

Wer gut kochen will, braucht Zeit. Teig muss ruhen, Aromen müssen sich entfalten. Wenn Sie die ganze Zeit mit sorgenvoller Miene am Herd stehen, geht es auch nicht schneller. Versuchen Sie, die Wartezeit zu genießen – in ihr liegt der Zauber!

Gehen Sie es langsam an. Warum sind die jungen Leute immer so in Eile? Meine Enkel versuchen immer, alles gleichzeitig zu tun: Sie haben es so eilig, irgendwohin zu kommen, dass sie den Weg dorthin gar nicht genießen. Alberto sagt immer: Wenn Du alles sehen willst, siehst Du nichts.

Versuchen Sie nicht, perfekt zu sein. Roma wurde auch nicht an einem Tag erbaut. Und als die Stadt erbaut war, sah sie noch lange nicht perfekt aus.

Fehler macht man in der Küche wie im Leben. Brot verbrennt, Fleisch wird zäh, Saucen gerinnen ... „Cosí va il mondo" – so ist das Leben. Morgen kochen wir etwas Neues.

In Italien sagt man: „La calma è la virtù dei forti" – in der Ruhe liegt die Kraft. Nirgends trifft das besser zu als in der Küche.

Veränderungen sind unausweichlich … aber die Tradition verleiht uns Identität und Stärke. Vieles macht man so wie früher, weil die Erfahrung gezeigt hat, dass es so am besten geht. Das gilt besonders für die Küche. Denken Sie nur an den Holzlöffel. 1000 Jahre Fortschritt konnten sein Design nicht verbessern.

Der Schlüssel zu einem guten Leben ist Flexibilität. Orientieren Sie sich am Olivenbaum, der sich im Wind neigt, und nicht an der Eiche, deren Äste brechen.

Das Wichtigste ist, dass Sie auf Ihre Mama hören. So profitieren Sie nicht nur von ihrer Weisheit, sondern auch von der Weisheit ihrer Mama . . . und deren Mama. Wenn alle auf ihre Mama hörten, wäre die Welt ein entspannterer Ort.

Zabaglione
Zabaione

Für 6 Personen

6 Eigelb
80 g Zucker
180 ml Marsala, Madeira oder anderer süßer Dessertwein
1 Spritzer Weinbrand
Amaretti, zum Servieren

Eigelb in eine große hitzebeständige Schüssel geben. Den Zucker zufügen und mit dem Eigelb verrühren, bis eine helle, cremige Masse vom doppelten Volumen entstanden ist. Die Schüssel mit der Masse auf einen Topf mit leicht köchelndem Wasser setzen.

Marsala und Weinbrand langsam zugießen und die Mischung etwa 15 Minuten unter ständigem Rühren erwärmen, bis sie leicht schaumig wird. Die Zabaglione in 4 Dessertgläser füllen und mit Amaretti servieren.

Dolce di panettone

Panettone-Auflauf

Für 4–6 Personen

100 g Rosinen, Sultaninen oder gehackte Datteln
4 EL Weinbrand
300 ml Milch
450 g Crème double
1 Vanillestange, aufgeschlitzt, oder 1 TL Vanillearoma
10 mittelgroße Scheiben Panettone, vorzugsweise mit Schokoladengeschmack, ersatzweise Weißbrot ohne Rinde
170 g weiche Butter, plus etwas mehr zum Einfetten
4 Eier
170 g Zucker
Vanilleeis, zum Servieren

Die Rosinen mit dem Weinbrand in eine Schüssel geben und 1–2 Stunden ziehen lassen. In einem kleinen Topf Milch, Crème double und Vanille erhitzen (nicht kochen). Vom Herd nehmen und abgedeckt 30 Minuten ziehen lassen.

Den Backofen auf 180 °C vorheizen. Eine flache Auflaufform einfetten. Die Panettone-Scheiben mit Butter bestreichen, diagonal halbieren und dachziegelartig in der Form auslegen. Die Rosinen aus dem Weinbrand nehmen und über die Panettone-Scheiben streuen.

Eier und Zucker in einer großen Schüssel verrühren. Die Vanilleschote aus der Milch nehmen, dann die Milchmischung unter die Eimasse rühren. Den Weinbrand zugießen und alles gut vermengen.

Die Mischung in die Auflaufform gießen und die Panettone-Scheiben auf den Boden drücken, damit sie sich mit der Eimasse vollsaugen. (Die Panettone-Scheiben dürfen nicht zu weit aus der Eimasse herausragen, weil sie sonst anbrennen.) Etwa 30–40 Minuten goldbraun backen. Heiß mit Vanilleeis servieren.

Tiramisù

Tiramisu

Für 4 Personen

3 Eigelb
4 EL Amaretto
170 g Zucker
50 g Zartbitterschokolade, fein gerieben
150 g Mascarpone, fein geraspelt
200 g Schlagsahne
24 Löffelbiskuits
frisch gebrühter Espresso, abgekühlt
200 g Kakaopulver, zum Bestäuben

Das Eigelb mit dem Amaretto verquirlen. Nach und nach den Zucker einrieseln lassen und so lange verrühren, bis sich der Zucker aufgelöst hat. Nun die Schokolade mit dem Mascarpone einrühren.

Die Sahne mit einem elektrischen Handrührgerät steif schlagen und unter die Creme heben.

Die Löffelbiskuits mit der ungezuckerten Seite in den Espresso tauchen. Den Boden einer rechteckigen Form mit der Hälfte der Biskuits auslegen. Die Hälfte der Creme darauf verstreichen. Mit den restlichen Biskuits belegen, die restliche Creme darauf verteilen und glatt streichen. Die Form abdecken und das Tiramisu über Nacht im Kühlschrank ziehen lassen. Vor dem Servieren mit Kakaopulver bestäuben.

Liebste Luisa,
ich habe die Zeit mit Dir, Gianluca und den Bambini sehr genossen. Wie schön, sich im Schatten der Bäume zu entspannen, die köstlichen Zutaten zu genießen, die uns der wunderbare apulische Sommer schenkt . . . und das mit einem Glas unseres delikaten apulischen Weins in der Hand!

Mamas Ausflug

Wer sagt denn, dass Mama in die Küche gehört? Tja, Alberto sagt das manchmal, aber den lassen wir einmal kurz beiseite – denn wenn im Sommer die Sonne scheint und Mama einen neuen Hut gekauft hat, dann gibt es nichts Schöneres als ein Picknick!

Und das bedeutet nicht, dass es nur belegte Brote gibt. Die folgenden Seiten sind randvoll mit einfallsreichen und appetitlichen Ideen für den Ausflug: ob Oliven mit Orangen und Zitrone, Bohnen-Pecorino-Salat, Tomatentarte oder ein anderes schnelles und einfaches Rezept. Ihr Picknickkorb wird randvoll gefüllt sein mit köstlichen Kleinigkeiten.

Funghi sott'olio

Marinierte Pilze

Für 4 Personen

- 1 kg gemischte Pilze, z.B. Steinpilze, Pfifferlinge, Austernpilze und braune Champignons
- 1 frische rote Chili
- 250 ml natives Olivenöl extra
- 100 ml weißer Balsamico-Essig
- Salz
- frische Rosmarin- oder Oreganozweige

Die Pilze putzen und mit Küchenpapier säubern.

Die Chili längs halbieren, entkernen und das Fruchtfleisch in feine Streifen schneiden. Beiseitestellen.

5 Esslöffel Öl in einer großen Pfanne erhitzen und die Pilze darin unter Rühren andünsten, bis das ausgetretene Wasser verdunstet ist.

Die Chilistreifen zufügen und alles weitere 1–2 Minuten dünsten. Den Essig unterrühren und alles mit Salz abschmecken. Die Pilze in eine Schüssel füllen. Die Rosmarinnadeln von den Zweigen streifen und unter die Pilze mischen. Mit dem restlichen Öl beträufeln. Mit Frischhaltefolie abdecken und über Nacht im Kühlschrank marinieren.

Rote Chili

Steinpilze

Verdure miste sott'olio

Mariniertes Gemüse

Für 4 Personen

2 Auberginen
2 große Zucchini
200 g Austernpilze
250 ml natives Olivenöl extra
Salz und Pfeffer
4–5 Thymianzweige
2 Knoblauchzehen, in dünne Scheiben geschnitten
2 Lorbeerblätter
100 ml Weißweinessig

Die Auberginen und die Zucchini putzen, die Stiele entfernen und den Rest in Scheiben schneiden. Die Austernpilze putzen und je nach Größe halbieren oder vierteln. Eine mit Olivenöl leicht eingefettete Grillpfanne erhitzen und das Gemüse darin portionsweise auf jeder Seite 2–3 Minuten grillen. Gegrilltes Gemüse in eine Schüssel oder ein Einmachglas legen und mit Salz und Pfeffer würzen.

Die Thymianblättchen von den Stielen streifen. Zusammen mit dem Knoblauch über das Gemüse streuen. Die Lorbeerblätter dazwischenlegen.

Das restliche Olivenöl und den Essig in einer Schüssel verrühren, mit Salz und Pfeffer abschmecken und über das warme Gemüse gießen.

Abkühlen lassen, mit Frischhaltefolie abdecken und über Nacht im Kühlschrank marinieren. 30 Minuten vor dem Servieren aus dem Kühlschrank nehmen.

Olive con arancio e limone

Oliven in Zitrusmarinade

Für 4 Personen

- 2 TL Fenchelsamen
- 2 TL Kreuzkümmelsamen
- 250 g grüne Oliven
- 250 g schwarze Oliven
- 1 EL fein abgeriebene Orangenschale
- 1 EL fein abgeriebene Zitronenschale
- 3 Schalotten, fein gehackt
- 1 Prise Zimt

Marinade

- 4 EL Weißweinessig
- 5 EL natives Olivenöl extra
- 2 EL Orangensaft
- 1 EL frisch gehackte Minze
- 1 EL frisch gehackte Petersilie

Fenchel- und Kreuzkümmelsamen in eine kleine Pfanne geben und ohne Fett anrösten. Dabei regelmäßig an der Pfanne rütteln, bis die Samen aufplatzen und ihr Aroma voll entfalten. Die Pfanne vom Herd nehmen.

Oliven, Orangen- und Zitronenschale, Schalotten, Zimt sowie die gerösteten Samen in eine Schüssel füllen.

Für die Marinade alle Zutaten in einer Schüssel verquirlen und über die Oliven gießen. Gut vermengen, die Schüssel mit Frischhaltefolie abdecken und vor dem Servieren 1–2 Tage im Kühlschrank marinieren.

Mamas Picknickausrüstung

Ein schöner Sommertag, die Vögel flattern durch die Lüfte, die Blüten wiegen sich im lauen Wind, die Bienen summen fröhlich. Erwachsene und Kinder speisen all´aperto. Gibt es etwas Schöneres?

- Bei der Picknickplanung geht es um wesentlich mehr als um die Auswahl der Speisen. Wenn Sie den Picknickort einmal erreicht haben, können Sie nicht noch einmal schnell in die Küche laufen, um etwas zu holen. Schreiben Sie sich ein Liste, mit allem, was sie brauchen werden.
- Wenn Sie so oft in der freien Natur speisen wie Alberto und ich, brauchen Sie unbedingt einen geeigneten Picknickkorb. Ein Weidenkorb ist leicht und stabil. Er sollte auf jeden Fall Gurte haben, mit denen Sie Teller, Besteck und Gläser gut befestigen können.

Ein altes Glas mit ein wenig Honig darin hält Wespen von Ihrem Picknick fern. Stellen Sie es weit genug entfernt auf, dann sollten Sie Ihre Speisen ungestört genießen können.

Kein Picknick ohne Wein. Vergessen Sie den Korkenzieher nicht!

Auch in der milden apulischen Landschaft ist es nicht empfehlenswert, zu lange direkt im Gras zu sitzen. Nehmen Sie also ausreichend Decken mit – für die Gäste und die Speisen. Und wer nicht mehr allzu gelenkig ist, wie Mama zum Beispiel, braucht einen Klappstuhl!

Wenn Sie es sich leisten (und tragen) können, sollten Sie sich ein Picknickzelt mitnehmen. Im Nu wird ein einfaches Essen im Freien zu einem Fest, das nie enden soll. Es schützt sie nicht nur vor Sonne und Regen, auch die Kinder haben doppelt so viel Spaß!

Pomodori ripiene di tonno

Gefüllte Tomaten

Für 4 Personen

4 große, feste Fleischtomaten
Salz
150 g Thunfisch in Öl, abgetropft
2 Eier, hart gekocht
1 kleine Zwiebel, fein gehackt
4 EL Mayonnaise
1 EL frisch gehackte Petersilie
Pfeffer
4 Salatblätter

Die Tomaten waschen und von jeder Tomate einen Deckel mit dem Stielansatz abschneiden. Die Kerne und das Fruchtfleisch mit einem Löffel heraustrennen.

Die Tomaten innen salzen und kopfüber in ein Sieb stellen und abtropfen lassen.

Den Thunfisch mit einer Gabel zerpflücken. Die Eier schälen und hacken. In einer Schüssel Zwiebel, Thunfisch und Eier mit der Mayonnaise und der Petersilie vermengen. Alles mit Salz und Pfeffer abschmecken.

Die Füllung in die Tomaten geben, die Deckel aufsetzen und die Tomaten auf den Salatblättern anrichten.

Tramezzini al prosciutto e rucola
Schinken-Rucola-Sandwiches

Ergibt 8 Stück

8 Scheiben Sandwichtoast, Rinde entfernt
2 EL Mayonnaise
2 Handvoll Rucola
150 g gekochter Schinken, in Scheiben geschnitten
2 Tomaten, in Scheiben geschnitten
Salz und Pfeffer
einige Basilikumblätter

Die Toastscheiben mit Mayonnaise bestreichen. Den Rucola auf 4 Scheiben verteilen, darauf den Schinken und die Tomaten geben. Mit Salz und Pfeffer würzen.

Das Basilikum auf den Scheiben verteilen und mit den unbelegten Toastscheiben abdecken. Jedes Sandwich diagonal halbieren.

Statt gekochtem Schinken können Sie auch rohen Schinken, Mortadella oder Mozzarella verwenden.

Tramezzini al tonno
Thunfisch-Sandwiches

Ergibt 8 Stück
- 200 g Thunfisch in Öl, abgetropft
- 1 EL Kapern
- 2 Eier, hart gekocht
- 8 Scheiben Sandwichtoast, Rinde entfernt
- 3–4 EL schwarze Olivenpaste
- 8 Salatblätter

Den Thunfisch mit einer Gabel zerpflücken. Die Kapern fein hacken und unter den Thunfisch mischen. Die Eier schälen und in Scheiben schneiden.

Die Toastscheiben mit der Olivenpaste bestreichen. Den Thunfisch auf 4 Toastscheiben verteilen. Mit den Eierscheiben und jeweils 2 Salatblättern belegen, dann die restlichen Brotscheiben darauflegen. Jedes Sandwich einmal diagonal halbieren.

Tramezzini di gamberi
Garnelen-Sandwiches

Ergibt 8 Stück
- 150 g kleine, gekochte Garnelen, ausgelöst
- 1 EL Limettensaft
- Salz und Pfeffer
- 2 Eier, hart gekocht
- 4 EL Mayonnaise
- 8 Scheiben Sandwichtoast, Rinde entfernt
- 4 Salatblätter

Die Garnelen mit Limettensaft, Salz und Pfeffer würzen. Die Eier schälen und hacken. Garnelen, Eier und 2 Esslöffel Mayonnaise vermengen. Die Mischung auf 4 Toastscheiben verteilen und mit je 1 Salatblatt bedecken. Die restliche Mayonnaise auf die restlichen Toastscheiben streichen und diese auf die Garnelentoasts legen. Jedes Sandwich einmal diagonal halbieren.

Involtini di asparagi e prosciutto

Spargel in Blätterteig

Ergibt 6 Stück

250 g grüner Spargel, geputzt
400 g Blätterteig aus dem Kühlregal, ausgerollt
2 EL Pesto
6 dünne Scheiben Prosciutto
80 g geriebener Emmentaler
Pfeffer
Milch, zum Bestreichen

Den Backofen auf 220 °C vorheizen. In einem großen Topf Wasser zum Kochen bringen und den Spargel darin 5–6 Minuten garen. Mit einem Schaumlöffel herausnehmen und abtropfen lassen.

Den Blätterteig in 6 Quadrate schneiden und auf ein mit Backpapier ausgelegtes Backblech legen. In die Mitte der Teigquadrate jeweils 1 Teelöffel Pesto geben.

Jeweils zwei Spargelstangen in einer Schinkenscheibe aufrollen und diagonal auf die Teigquadrate legen. Mit dem Käse bestreuen und mit Pfeffer würzen.

Die Blätterteigenden über die Spargelstangen schlagen. Den Blätterteig mit Milch bestreichen und im Ofen 15–20 Minuten goldbraun backen. Warm oder kalt, als Zwischenmahlzeit oder bei einem Picknick servieren.

Fichi e Gorgonzola

Feigen mit Gorgonzola

Für 4 Personen

Butter, zum Einfetten
70 g Zucker
80 g Mandeln
12 reife Feigen
natives Olivenöl extra, zum Beträufeln
350 g Gorgonzola, in Würfel geschnitten

Ein Backblech leicht mit Butter einfetten. Den Zucker in einem Topf bei mittlerer Hitze unter Rühren goldbraun karamellisieren. Sobald der Zucker Blasen wirft, nicht mehr rühren und den Topf vom Herd nehmen. Eine Mandel nach der anderen auf eine Gabel setzen und in den Karamell tauchen. Die Mandeln auf das Backblech legen. Sollte der Karamell in der Zwischenzeit fest werden, den Topf erneut auf den Herd stellen und den Karamell kurz erhitzen. Die Karamellmandeln abkühlen lassen.

Die Stiele der Feigen abschneiden und die Früchte vierteln. Je 8 Viertel auf einem Teller platzieren und mit Olivenöl beträufeln. In die Mitte jedes Tellers einige Gorgonzola-Würfel geben. Die Karamellmandeln grob hacken und über den Gorgonzola streuen.

Insalata di fave e pecorino

Bohnen-Pecorino-Salat

Für 6 Personen

250 g frische dicke Bohnen, gepalt
5 EL natives Olivenöl extra
2 EL frisch gepresster Zitronensaft
1 EL frisch gehackte Minze
Salz und Pfeffer
150 g junger Pecorino, gewürfelt
100 g Rucola
50 g gereifter Pecorino oder Parmesan, gehobelt

Wenn die Bohnen besonders frisch und zart sind, können Sie sie roh servieren, ansonsten sollten sie kurz in kochendem Wasser blanchiert werden. Abgießen, unter fließend kaltem Wasser abspülen und abtropfen lassen.

Bohnen mit Öl, Zitronensaft, Minze, Salz, Pfeffer und Pecorino-Würfeln vermengen.

Die Rucolablätter auf Teller verteilen und die Bohnenmischung darübergeben. Mit den Pecorino- oder Parmesanspänen garnieren.

Mamas Tipp
Wenn Sie ältere dicke Bohnen oder aber Tiefkühlbohnen verwenden, brauchen Sie die Hälfte der angegebenen Menge zusätzlich, weil Sie dann die Haut abziehen müssen.

Bruschette con mozzarella
Bruschetta mit Mozzarella

Für 4 Personen

- 4 Scheiben italienisches Bauernbrot
- 2 Knoblauchzehen
- 4 EL natives Olivenöl extra
- 150 g Büffelmozzarella, in Scheiben geschnitten
- 2 Tomaten, in Scheiben geschnitten
- Salz und Pfeffer
- einige Basilikumblätter, zum Garnieren

Den Backofengrill vorheizen. Die Brotscheiben auf den Grillrost legen und auf der oberen Schiene im Backofen auf beiden Seiten goldbraun rösten.

Die Knoblauchzehen halbieren und mit jeweils 1 Hälfte über je 1 Brotscheibe reiben. Die Scheiben mit je 1 Esslöffel Öl beträufeln, dann halbieren.

Die Brothälften mit Mozzarella und den Tomaten belegen, salzen und pfeffern und mit den Basilikumblättern garnieren.

Toast al formaggio e pomodori secchi
Brot mit Mozzarella & Tomaten

Für 4 Personen

- 4 Scheiben italienisches Bauernbrot
- 180 g Paste aus getrockneten Tomaten oder Pesto rosso
- 300 g Mozzarella, abgetropft und gewürfelt
- 1¼ TL getrockneter Oregano
- Pfeffer
- 2-3 EL natives Olivenöl extra

Den Backofengrill vorheizen. Die Brotscheiben auf den Grillrost legen und auf der oberen Schiene im Backofen auf beiden Seiten goldbraun rösten.

Die Brotscheiben mit der Tomatenpaste bestreichen und mit Mozzarella belegen. Mit Oregano bestreuen und mit Pfeffer würzen.

Die Brotscheiben auf ein Backblech setzen und mit dem Öl beträufeln. Im Backofengrill etwa 5 Minuten backen, bis der Käse geschmolzen ist und Blasen wirft. Auf eine Servierplatte geben und vor dem Servieren mindestens 5 Minuten ruhen lassen.

Sgonfiotti al formaggio
Teigtaschen mit Käsefüllung

Ergibt etwa 25 Stück

- 200 g Mehl, plus etwas mehr zum Bestäuben
- 2 Eier, verquirlt
- 2 EL Olivenöl
- 1 Prise Salz
- 1 Eiweiß, verquirlt
- Pflanzenöl, zum Frittieren

Füllung

- 120 g Ricotta
- 1 Ei, verquirlt
- 70 g Mozzarella, fein gewürfelt
- 30 g Parmesan, fein gewürfelt
- 40 g Salami oder Parmaschinken, fein gehackt
- 1 EL frisch gehackte glatte Petersilie
- Salz und Pfeffer

Für die Füllung alle Zutaten in eine Schüssel geben und verrühren. Für den Teig das Mehl in eine Schüssel sieben, in die Mitte eine Vertiefung drücken und die Eier hineingeben. Öl und 1 Prise Salz zufügen und alles vermengen. Etwa 10 Minuten kneten, bis ein glatter Teig entsteht. Zu einer Kugel formen, in Frischhaltefolie einwickeln und 30 Minuten im Kühlschrank ruhen lassen.

Den Teig dünn ausrollen und mit einem runden Ausstecher Kreise (etwa 7 cm Ø) ausstechen. Den Teig immer wieder neu ausrollen und ausstechen, bis er aufgebraucht ist. Die Teigkreise auf ein sauberes Küchentuch setzen und die Ränder mit Eiweiß einstreichen. Je 1 Teelöffel der Füllung in die Mitte jedes Teigkreises geben, dann eine Teigseite über die Füllung falten, sodass ein Halbmond entsteht. Die Kanten zusammendrücken und die Teigtaschen 30 Minuten ruhen lassen.

Das Öl in einer Fritteuse oder einem großen Topf auf 180 °C erhitzen (ein Brotwürfel bräunt darin in 30 Sekunden) und die Teigtäschchen darin portionsweise 3–5 Minuten frittieren. Auf Küchenpapier abtropfen lassen.

Torta di pomodori

Tomatenkuchen

Für 4 Personen

20 g Butter
1 EL Zucker
500 g Kirschtomaten, halbiert
1 Knoblauchzehe, zerdrückt
2 TL Weißweinessig
Salz und Pfeffer

Teig
250 g Weizenmehl (Type 405), gesiebt
1 Prise Salz
1 EL gehackte Tomaten aus der Dose
140 g Butter
1 EL frisch gehackter Oregano, plus etwas mehr zum Garnieren
5-6 EL kaltes Wasser

Den Backofen auf 200 °C vorheizen. Die Butter bei mittlerer Hitze in einer Pfanne zerlassen. Den Zucker einstreuen und karamellisieren.

Die Pfanne vom Herd nehmen und unter Rühren Tomaten, Knoblauch und Weißweinessig hineingeben. Mit Salz und Pfeffer würzen.

Die Tomatenmischung gleichmäßig in einer runden Back- oder Auflaufform (24 cm Ø) verteilen.

Für den Teig alle Zutaten in der Küchenmaschine zu einer krümeligen Masse verarbeiten. Gerade so viel Wasser einarbeiten, dass ein weicher Teig entsteht.

Den Teig zu einem Kreis (25 cm Ø) ausrollen, auf die Tomaten legen und den Teigrand zwischen Form und Tomaten nach unten drücken. Mehrmals mit einer Gabel einstechen.

Etwa 25–30 Minuten im Ofen goldbraun backen. Aus dem Ofen nehmen und 2–3 Minuten ruhen lassen. Den Teig mit einem Messer von der Form lösen und die Tarte auf eine vorgewärmte Servierplatte stürzen. Mit frisch gehacktem Oregano bestreuen und warm servieren.

Mamas Tipp
Den Kuchen unbedingt warm servieren und einen Rucola- oder Spinatsalat dazureichen.

Crostini
Krosse Ciabatta-Häppchen

Crostini neri
Crostini mit Olivenpaste

Für 4 Personen
200 g schwarze Oliven, entsteint
3 Sardellenfilets in Öl
1 EL Kapern
3-4 EL Olivenöl
Salz
Cayennepfeffer
12 kleine Scheiben Ciabatta
12 Basilikumblätter

Oliven und Sardellen grob hacken, dann zusammen mit den Kapern pürieren; dabei so viel Öl zugeben, dass eine dicke Paste entsteht. Mit Salz und Cayennepfeffer abschmecken.

Das Brot von beiden Seiten unter dem Backofengrill goldbraun rösten.

Jede Brotscheibe mit der Olivenpaste bestreichen und mit einem Basilikumblatt belegen.

Crostini con erbe e pomodori
Crostini mit Kräutern & Tomaten

Für 4 Personen
6 Eiertomaten
1 kleines Bund Basilikum
2 Knoblauchzehen, fein gehackt
3 EL Olivenöl
Salz und Pfeffer
1 EL frisch gehackte Petersilie
½ TL frisch gehackter Oregano
12 kleine Scheiben Ciabatta

Die Tomaten häuten, entkernen und klein würfeln. Das Basilikum waschen und die Blätter in feine Streifen schneiden. Die Tomaten mit Knoblauch, Öl, Salz, Pfeffer und den Kräutern vermengen und kurz ziehen lassen.

Das Brot von beiden Seiten unter dem Backofengrill goldbraun rösten und mit der Tomatenmischung belegen.

Crostini alla toscana
Crostini mit Geflügellebercreme

Für 4 Personen
200 g Geflügelleber
2 EL Olivenöl
1 Schalotte, fein gehackt
125 ml Vin santo oder anderer Dessertwein
1 EL frisch gehackter Thymian
Salz und Pfeffer
12 kleine Scheiben Ciabatta

Die Geflügelleber von der Haut befreien und klein schneiden.

Das Olivenöl in einer Pfanne erhitzen und die Schalotte darin glasig dünsten. Leber zugeben und anbraten. Wein und Thymian zufügen und so lange schmoren, bis der Wein fast verdampft ist. Vom Herd nehmen, abkühlen lassen und pürieren. Mit Salz und Pfeffer abschmecken.

Das Brot von beiden Seiten unter dem Backofengrill goldbraun rösten. Mit der Creme bestreichen.

Crostini al pomodoro
Crostini mit Tomaten

Für 4 Personen
12 kleine Scheiben Ciabatta
2 Knoblauchzehen
2-3 EL Olivenöl
4 Fleischtomaten, in Scheiben geschnitten
Salz und Pfeffer
50 g Parmesan am Stück
Basilikumblätter, zum Garnieren

Das Brot von beiden Seiten unter dem Backofengrill goldbraun rösten. Den Knoblauch schälen und halbieren. Das geröstete Brot mit dem Knoblauch einreiben und mit dem Olivenöl beträufeln. Mit den Tomatenscheiben belegen, salzen, pfeffern und den Parmesan in dünnen Spänen darüberhobeln.

Die Basilikumblätter in Streifen schneiden und die Crostini damit garnieren.

Prosciutto con la rucola

Rucola mit Schinken

Für 4 Personen

120 g Rucola
1 EL Zitronensaft
Salz und Pfeffer
3 EL natives Olivenöl extra
250 g Prosciutto, in dünne Scheiben geschnitten

Die Rucolablätter putzen, abspülen und mit Küchenpapier trocken tupfen. In eine Schüssel geben.

Zitronensaft, Salz, Pfeffer und Olivenöl in einer kleinen Schüssel verrühren und über die Rucolablätter gießen. Alles gut vermengen.

Den Rucolasalat auf Teller verteilen und den Schinken darauf anrichten. Bei Zimmertemperatur servieren.

Risi e bisi

Reis mit Erbsen

Für 4 Personen

- 1 l Hühner- oder Gemüsebrühe
- 90 g Butter
- 3 Schalotten, fein gehackt
- 120 g Pancetta oder Speck, gewürfelt
- 250 g Arborio-Reis
- 150 ml trockener Weißwein
- 200 g frische Erbsen oder Tiefkühlware, aufgetaut
- Salz und Pfeffer
- frisch gehobelter Parmesan, zum Garnieren

Die Brühe in einen großen Topf gießen und aufkochen. Dann die Hitze reduzieren und köcheln lassen.

60 g Butter in einem weiteren Topf zerlassen. Schalotten und Pancetta zugeben und bei geringer Hitze unter gelegentlichem Rühren 5 Minuten andünsten. Den Reis zugeben und 2–3 Minuten unter Rühren glasig dünsten.

Den Wein zugießen und so lange rühren, bis er fast vollständig aufgenommen wurde. Eine Kelle heiße Brühe zugeben und weiterrühren, bis der Reis die Brühe aufgenommen hat. Dann erst eine weitere Kelle Brühe zugeben und den Vorgang wiederholen.

Nach 10 Minuten die Erbsen zugeben und den Risotto weiter garen; dabei weiterhin Kelle für Kelle die Brühe unterrühren. Nach weiteren 10 Minuten sollte der Reis gar sein und die Flüssigkeit vollständig aufgenommen haben.

Die restliche Butter unterrühren und alles mit Salz und Pfeffer abschmecken. Den Risotto in eine vorgewärmte Schüssel füllen, mit Parmesanhobeln garnieren und sofort servieren.

Mamas Tipps für ein Fest mit Kindern

Einmal im Jahr kommt die ganze Familie zu einem Picknick zusammen. Beim letzten Mal waren wir 38 Personen zwischen sechs Monaten und 80 Jahren! Harte Arbeit, da jeder satt zu bekommen! Bei einem solchen Tag muss man sich auch überlegen, wie die lieben Kleinen bei Laune gehalten werden.

In Apulien sagt man: „Nelle botti piccine ci sta il vino buono" – Guter Wein reift in kleinen Fässern. Kinder bringen Freude – sie sollten nicht außen vor gelassen werden und sich den Plänen der Erwachsenen anpassen müssen. Im Gegenteil – sie sollten im Mittelpunkt stehen.

Kinder sind immer in Bewegung. Lassen Sie sie diese Energie ausleben – bringen Sie Frisbees, Bälle und Federballschläger mit. Dann kommt der Appetit irgendwann von ganz allein. Im letzten Sommer haben meine Söhne Marco und Filippo alle Kinder in Teams aufgeteilt und ein Frisbeespiel organisiert. Ein Riesenerfolg … und falls sie sich in diesem Jahr noch an die Regeln erinnern können, wird es bestimmt wiederholt.

Eine sichere Methode, die Kinder bei Laune zu halten, ist reichlich köstliches Essen!

Für die ganz Kleinen eignen sich Lieder und einfache Tanzspiele zur Unterhaltung.

Der Mann meiner Tochter Maria bringt immer Angeln und Netze mit. Jedes Jahr heißt es, man werde Fische für das Abendessen fangen. Und jedes Jahr muss Mama die winzigen Fische im Marmeladenglas inspizieren und dann verkünden, im nächsten Jahr seien sie vielleicht groß genug zum Grillen …

Vergessen Sie nicht die althergebrachten Spiele. Mama spielte schon in ihrer Kindheit Verstecken im Olivenhain – und ich muss heute noch lächeln, wenn ich sehe, dass sich die Kinder an den gleichen Orten verkriechen wie ich damals.

Biscotti/cantucci di mandorle

Mandelgebäck

Ergibt 20–30 Stück

- 200 g Mandeln, abgezogen
- 200 g Mehl, plus 1 EL zum Bestäuben
- 200 g Zucker, plus 1 EL zum Bestreuen
- 1 TL Backpulver
- ½ TL Zimt
- 2 Eier
- 2 TL Vanillearoma

Den Backofen auf 180 °C vorheizen. 2 Backbleche mit Backpapier auslegen.

Die Mandeln grob hacken, einige ganz lassen.

Mehl, Zucker, Backpulver und Zimt in einer Schüssel vermengen. Alle Mandeln einrühren.

Eier und Vanillearoma verquirlen, zur Mehlmischung geben und alles zu einem festen Teig verkneten.

Den Teig auf eine leicht bemehlte Arbeitsfläche geben und mit den Händen verkneten. Den Teig halbieren und jede Hälfte zu einer 5 cm dicken Rolle formen. Jede Rolle auf ein Backblech legen, mit Zucker bestreuen und etwa 20–25 Minuten im Ofen goldbraun backen. Aus dem Ofen nehmen und einige Minuten abkühlen lassen, dann auf einem Schneidebrett in 1 cm dicke Scheiben schneiden. Den Backofen auf 150 °C einstellen und die Scheiben nebeneinander auf die Backbleche legen. Weitere 15–20 Minuten im Ofen backen. Herausnehmen und auf einem Kuchengitter abkühlen lassen. Die Biscotti in einem luftdicht verschließbaren Behälter aufbewahren.

Mamas Tipp
Traditionell wird dieses Gebäck mit Mandeln gebacken, Sie können aber auch Walnüsse oder Pistazien verwenden.

Torta al cioccolato
Schokoladenkuchen

Für 6–8 Personen

280 g Zartbitterschokolade (mindestens 70% Kakaoanteil), in kleine Stücke gebrochen
120 g Butter, plus etwas mehr zum Einfetten
4 Eier, getrennt
50 g Zucker
30 g Mehl
1 TL Vanillearoma
Kakaopulver, zum Bestäuben

Den Backofen auf 180 °C vorheizen. Eine Springform (20 cm Ø) mit Backpapier auslegen und den Rand einfetten.

Schokolade und Butter in eine hitzebeständige Schüssel geben, auf einen Topf mit köchelndem Wasser setzen und den Inhalt unter Rühren schmelzen. Vom Herd nehmen und 5 Minuten abkühlen lassen.

Eigelb und Zucker in einer Schüssel cremig rühren. In einer weiteren Schüssel das Eiweiß steif schlagen. Die Eigelbmischung unter die Schokoladenmasse ziehen.

Das Mehl hineinsieben und mit dem Vanillearoma unterrühren. Den Eischnee vorsichtig unterziehen.

Die Masse in die Springform geben und 15–20 Minuten im Ofen backen. Der Kuchen sollte an der Oberfläche fest und im Inneren noch feucht sein. Aus dem Ofen nehmen, abdecken und über Nacht abkühlen lassen.

Den Rand der Springform abnehmen und das Backpapier vom Boden entfernen. Den Kuchen mit Kakaopulver bestäuben und servieren.

Cenci

Frittierte Mürbeteigschleifen

Für 8 Personen

280 g Mehl, plus etwas mehr zum Bestäuben
2 Eier, verquirlt
2 EL Olivenöl
2 EL Zucker
2 EL Vin Santo oder anderer Dessertwein
abgeriebene Schale von 1 unbehandelten Zitrone
4 Orangen
Sonnenblumenöl, zum Frittieren
Puderzucker, zum Bestäuben

Das Mehl in eine große Schüssel sieben und in die Mitte eine Vertiefung drücken. Eier, Olivenöl, Zucker, Vin Santo und Zitronenschale vermengen und in die Vertiefung gießen. Alles rasch zu einem glatten Teig verkneten. Zu einer Kugel formen, in Frischhaltefolie einwickeln und für 1 Stunde in den Kühlschrank stellen.

Die Orangen mit einem scharfen Obstmesser schälen und filetieren; dabei über einer Schüssel arbeiten, um den Saft aufzufangen. Die Orangenspalten in den Saft legen und kalt stellen.

Den Teig aus dem Kühlschrank nehmen, halbieren und eine Hälfte auf einer leicht bemehlten Arbeitsfläche zu einem 3 mm dicken Rechteck ausrollen. Abdecken und den Vorgang mit der anderen Hälfte wiederholen. Den Teig mit einem Teigrad in 10 Streifen von je 2,5 cm Breite schneiden. Jeden Streifen durch einen Knoten zur Schleife legen.

Das Öl in der Fritteuse oder in einem großen Topf auf 180 °C erhitzen (ein Brotwürfel bräunt darin in 30 Sekunden). Die Mürbeteigschleifen portionsweise hineingeben und goldbraun ausbacken. Mit einem Schaumlöffel herausnehmen, auf Küchenpapier abtropfen lassen und warm stellen, bis alle Gebäckschleifen frittiert sind. Mit Puderzucker bestäuben und heiß zu den gekühlten Orangenspalten servieren.

Mamas Tipp
Anstatt der Orangen können auch Scheiben von reifen Aprikosen oder Pfirsichen verwendet werden, die in 3 Esslöffeln Vin Santo eingelegt werden.

Liebe Luisa, ich freue mich sehr,
dass Dir das Ciabattarezept
gelungen ist!

Mamas Backtag

Wo wären wir ohne die Backkunst? Für mich backen die Italiener das beste Brot der Welt. Hier in Apulien weiß jeder, dass Mama das beste Brot Italiens backt. In diesem Kapitel finden Sie Rezepte für Ciabatta, Focaccia mit Salbei und ein Pesto-Oliven-Brot, das einfach nur wunderbar schmeckt. Das schwört Alberto jedenfalls.

Und falls das noch nicht reicht – es gibt Galettes, Kuchen, Pasteten, Stromboli, Brioche … und Mamas Lieblingssünde: Biscotti. Das Backen ist nicht so *difficile*, wie es immer heißt: Befolgen Sie einfach Mamas Anweisungen!

Pane casalingo di oliva

Olivenbrot

Ergibt 3 kleine Brote

- 500 g Mehl Type 550, plus etwas mehr zum Bestäuben
- 7 g Trockenhefe
- 1 TL Salz
- 1 Prise Zucker
- 300 ml lauwarmes Wasser
- 2 EL natives Olivenöl extra, plus etwas mehr zum Bestreichen
- 250 g Mangold, gehackt
- 100 g schwarze Oliven, entsteint und gehackt

Das Mehl in eine Schüssel sieben und in die Mitte eine Vertiefung drücken. Hefe, Salz, Zucker und Wasser hineingießen und alles vermengen. Auf eine leicht bemehlte Arbeitsfläche geben und mit den Händen 5–10 Minuten zu einem glatten Teig verkneten. Zu einer Kugel formen, in die Schüssel legen und mit Frischhaltefolie abdecken. Etwa 1 Stunde an einem warmen Ort gehen lassen, bis der Teig sein Volumen verdoppelt hat.

Ein Backblech mit Öl einfetten. Mangold und Oliven unter den Teig kneten und diesen in 3 gleich große Stücke teilen. Jedes Stück zu einem länglichen Laib formen und auf das Backblech legen. Ein Küchentuch mit Mehl bestäuben, über die Laibe legen und diese 1 weitere Stunde gehen lassen.

Den Backofen auf 220 °C vorheizen. Die Laibe mit Öl bestreichen und 20–25 Minuten im Ofen backen. Auskühlen lassen und servieren.

Focaccia con cipolle
Focaccia mit Zwiebeln

Ergibt 1 Brot

- 25 g frische Hefe oder 7 g Trockenhefe
- 225 ml lauwarmes Wasser
- 1 Prise Zucker
- 450 g Mehl Type 550, plus etwas mehr zum Bestäuben
- 1 TL Salz
- 125 ml Olivenöl, plus etwas mehr zum Einfetten
- 2 Zwiebeln, in dünne Ringe geschnitten
- 100 g schwarze Oliven, entsteint
- 2–3 Knoblauchzehen, fein gehackt
- 1 EL grobes Meersalz
- 2 TL Pfefferkörner, grob zerstoßen
- 1 EL frisch gehackter Rosmarin

Die Hefe in das Wasser bröseln und mit dem Zucker darin auflösen. 4 Esslöffel Mehl einrühren und abdecken. An einem warmen Ort 15 Minuten gehen lassen.

Das restliche Mehl in eine Schüssel sieben und den Vorteig hineingeben. Mit dem Salz und 3–4 Esslöffeln Olivenöl zu einem glatten Teig verkneten. Zu einer Kugel formen, abdecken und an einem warmen Ort 1 Stunde gehen lassen, bis der Teig das doppelte Volumen erreicht hat.

Den Backofen auf 240 °C vorheizen. Den Teig kräftig durchkneten. Ein Backblech mit Olivenöl einfetten. Den Teig auf einer leicht bemehlten Arbeitsfläche etwa 2 cm dick ausrollen, auf das Backblech legen und mehrmals mit einer Gabel einstechen. Mit Zwiebeln und Oliven belegen und mit Knoblauch bestreuen. Mit dem restlichen Olivenöl bestreichen, Meersalz, Pfeffer und Rosmarin darüberstreuen. Mit einem Messer die Oberfläche gitterförmig einritzen und den Teig 20 Minuten im Ofen backen. Etwas abkühlen lassen und servieren.

Ciabatta

Ciabatta

Für die Biga das Mehl in eine Schüssel sieben, die Hefe untermischen und in die Mitte eine Vertiefung drücken. Das lauwarme Wasser zugießen und rühren, bis sich alles zu einem Teig verbindet. Auf eine leicht bemehlte Arbeitsfläche geben und mit den Händen 5 Minuten zu einem glatten Teig verkneten. Den Teig zu einer Kugel formen, in eine Schüssel geben und mit Frischhaltefolie abdecken. 12 Stunden an einem warmen Ort gehen lassen, bis der Teig beginnt etwas zusammenzufallen.

Wasser und Milch mit einem Holzlöffel unter die Biga rühren. Nach und nach kleine Portionen Mehl und Hefe mit den Händen unterkneten. Schließlich Salz und Öl untermengen. Der Teig ist jetzt sehr feucht und klebrig, fügen Sie aber kein zusätzliches Mehl hinzu. Den Teig mit Frischhaltefolie oder einem feuchten Küchentuch abdecken und an einem warmen Ort weitere 2 Stunden gehen lassen, bis der Teig das doppelte Volumen erreicht hat.

Drei Backbleche mit Mehl bestäuben. Den Teig kurz kneten, in 3 Stücke teilen und diese auf je 1 Backblech legen. Mit leicht bemehlten Händen jedes Stück zu einem rechteckigen Laib ziehen und leicht flach drücken. Die Laibe mit Mehl bestäuben und weitere 30 Minuten an einem warmen Ort gehen lassen.

Inzwischen den Backofen auf 220 °C vorheizen. Die Brote 25–30 Minuten goldgelb backen. Die Brote sollten sich beim Klopfen an die Unterseite hohl anhören. Auf Kuchengittern abkühlen lassen und servieren.

Zu einer Einweihungsparty bringen wir gerne Ciabatta und Salz mit!

Ergibt 3 Brote

400 ml lauwarmes Wasser
4 EL lauwarme fettarme Milch
650 g Mehl Type 550
7 g Trockenhefe
2 TL Salz
3 EL Olivenöl

Biga (Vorteig)
450 g Mehl Type 550, plus etwas mehr zum Bestäuben
1¼ TL Trockenhefe
150 ml lauwarmes Wasser

Mamas Backwerkzeug

Manche sagen, wenn Kochen eine Kunst ist, dann ist Backen eine Wissenschaft. Während man bei einem Eintopf oder einem Salat improvisieren kann, muss man sich beim Backen genau an die Maßangaben und Anweisungen halten, sonst – bumm! Disastro! Deshalb ist auch das richtige Werkzeug unerlässlich.

Einer der häufigsten Fehler beim Backen ist, die Dinge nicht ordentlich abkühlen zu lassen. Ich besitze eine ganze Reihe Kuchengitter, und neben dem Fenster halte ich einen Platz frei, an dem alles, was aus dem Ofen kommt, abkühlen kann. So kann ich nicht nur den Backvorgang ordentlich abschließen, sondern gleichzeitig durchzieht der Duft frisch gebackenen Brotes das ganze Haus!

Das Nudelholz habe ich von der Mama meiner Mama geerbt. Und eines Tages wird es meiner Enkelin Fiorella gehören. Es sieht nicht spektakulär aus – aber diese alte Holzrolle hat schon Generationen von Frauen in meiner Familie dabei geholfen, ihre Lieben zu ernähren.

Messbecher und -löffel sind sehr wichtig. Ich habe zwei Sets: eins für nasse, eins für trockene Zutaten.

Sie benötigen zwei Sorten Spatel. Einen aus Metall mit hauchdünner Kante und einen aus Silikon oder Kunststoff. Letzteren hat mir meine Urenkelin Elena zu Weihnachten geschenkt, und ich verwende ihn zum Unterheben.

Mit Eisportionierern – am besten mit Federmechanismus – können Sie verschiedene Zutaten sehr leicht zu Kugeln formen, viel einfacher als mit der Hand. Einen sollten Sie aber für das gelato reservieren!

Pane Toscano

Toskanisches Weißbrot

Ergibt 1 großen Laib Brot

500 g Mehl Type 550, plus etwas mehr zum Bestäuben
1½ TL Trockenhefe
2 EL Olivenöl, plus etwas mehr zum Einfetten
300 ml lauwarmes Wasser

Mehl und Hefe in einer Schüssel vermengen.

In die Mitte eine Vertiefung drücken. Olivenöl und Wasser vermengen und in die Vertiefung gießen. Die Flüssigkeit mit dem Mehl vermischen und alles zu einem lockeren Teig verkneten.

Den Teig auf einer leicht bemehlten Arbeitsfläche 5–7 Minuten glatt kneten. Zurück in die Schüssel geben und mit einem sauberen Küchentuch oder eingefetteter Frischhaltefolie abdecken. Den Teig etwa 1 Stunde an einem warmen Ort gehen lassen, bis er das doppelte Volumen erreicht hat. Dann den Teig mit den Händen noch einmal kräftig kneten.

Den Backofen auf 200 °C vorheizen und ein Backblech einfetten. Den Teig zu einer länglichen Kugel formen und auf das Backblech setzen. Mit einem sauberen Küchentuch oder eingefetteter Frischhaltefolie abdecken und an einem warmen Ort weitere 30 Minuten gehen lassen.

Das Brot oben mit einem scharfen Messer mehrmals einritzen und 30–35 Minuten im Ofen backen. Wenn das Brot zu schnell bräunt, die Hitze etwas reduzieren. Als Garprobe den Laib umdrehen und auf die Unterseite klopfen; durchgebackenes Brot sollte dann hohl klingen. Das Brot auf einem Kuchengitter auskühlen lassen.

Mamas Tipp
In der Toskana liebt man salzige, pikante Speisen und Würste. Dieses traditionell ungesalzene Brot ist die ideale Beilage zu gut gewürzten Gerichten.

Focaccia con cipolle e rosmarino
Focaccia mit Zwiebeln & Rosmarin

Mehl, Hefe und Salz in einer Schüssel vermengen und den gehackten Rosmarin einrühren. In die Mitte eine Vertiefung drücken. 3 Esslöffel Olivenöl und Wasser vermischen und in die Vertiefung gießen. Die Flüssigkeit mit dem Mehl vermischen, dann mit den Händen zu einem lockeren Teig verkneten.

Den Teig auf einer leicht bemehlten Arbeitsfläche 8–10 Minuten glatt kneten. Dann wieder in die Schüssel geben und mit einem sauberen Küchentuch oder eingefetteter Frischhaltefolie abdecken. Den Teig 45–60 Minuten an einem warmen Ort gehen lassen, bis er das doppelte Volumen erreicht hat. Herausnehmen und mit den Händen noch einmal gut durchkneten. Den Backofen auf 200 °C vorheizen und ein Backblech einfetten. Den Teig zu einem Kreis mit etwa 30 cm Ø ausrollen – dabei muss der Fladen nicht kreisrund werden, eine leicht ovale Form ist auch sehr beliebt. Den Fladen auf das Backblech setzen. Mit einem sauberen

Mamas Tipp

Sie können auch getrocknete Tomaten und gehackte Oliven vor dem letzten Gehen unter den Teig heben.

Ergibt 1 Fladenbrot

450 g Mehl, plus etwas mehr zum Bestäuben
1½ TL Trockenhefe
½ TL Salz
2 EL frisch gehackter Rosmarin, plus einige kleine Zweige zum Garnieren
5 EL natives Olivenöl extra, plus etwas mehr zum Einfetten
300 ml lauwarmes Wasser
1 rote Zwiebel, in Ringe geschnitten
1 EL grobes Meersalz, zum Bestreuen

Küchentuch abdecken und an einem warmen Ort weitere 20–30 Minuten gehen lassen. Im Abstand von 5 cm mit dem Griff eines Holzlöffels Löcher in den Teig stechen. Die Zwiebelringe auf dem Fladen verteilen, mit dem restlichen Öl beträufeln und den Fladen mit Meersalz bestreuen. Etwa 20–25 Minuten im Ofen goldbraun backen. 5 Minuten vor Ende der Backzeit mit den zusätzlichen Rosmarinzweigen garnieren. Einige Minuten auf einem Kuchengitter abkühlen lassen und noch warm servieren.

Pane con pesto ed olive

Pesto-Oliven-Brot

Ergibt 1 Laib

Olivenöl, zum Einfetten
350 g Mehl Type 405
250 g Vollkornmehl
1 TL Natron
½ TL Salz
3 EL Pesto
300 ml Buttermilch
80 g grüne Oliven, entsteint und grob gehackt
Milch, zum Bestreichen

Den Backofen auf 200 °C vorheizen. Ein Backblech einfetten. Beide Mehlsorten, Natron und Salz in eine große Schüssel sieben. Im Sieb verbliebene Kleie dazugeben.

Den Pesto in die Buttermilch rühren. Zusammen mit den Oliven zu der Mehlmischung geben und alles zu einem weichen Teig verarbeiten. Falls nötig, etwas mehr Flüssigkeit einarbeiten.

Den Teig zu einem Kreis (20 cm Ø) formen und auf das Backblech legen. Etwas flach drücken und oben kreuzförmig einritzen.

Den Laib mit Milch bestreichen und etwa 30–35 Minuten im Ofen goldgelb backen, bis sich das Brot beim Klopfen an die Unterseite hohl anhört. Dieses Brot schmeckt frisch, mit Suppe, Käse oder einem Salat am besten.

Polenta Parmigiana

Maisbrot mit Parmesan

Ergibt 16 Stück

Öl, zum Einfetten
200 g feine Polenta
200 g Mehl Type 405
4 TL Backpulver
2 TL Selleriesalz
Pfeffer
100 g Parmesan, gerieben
2 Eier, verquirlt
400 ml Milch
50 g Butter, zerlassen
1 Bund Frühlingszwiebeln, gehackt

Den Backofen auf 190 °C vorheizen. Eine quadratische Backform (24 cm x 24 cm) einfetten.

Polenta, Mehl, Backpulver, Selleriesalz und Pfeffer in eine große Schüssel geben und 40 g Parmesan untermischen.

Eier, Milch und Butter in einer weiteren Schüssel verrühren.

Die Eimasse zur Mehlmischung gießen und alles zu einem glatten Teig verrühren.

Die Frühlingszwiebeln untermischen, dann den Teig in die vorbereitete Form füllen und die Oberfläche glatt streichen.

Mit dem restlichen Parmesan bestreuen und etwa 30–35 Minuten im Ofen goldbraun backen. Das Brot in 16 Quadrate schneiden und warm servieren.

Parmesan

Torta di broccoli, pancetta e Gorgonzola

Brokkoli-Pancetta-Tarte

Für 4 Personen

- 250 g Blätterteig, fertig ausgerollt (Kühlregal)
- 250 g Brokkoli, in Röschen zerteilt
- 100 g Pancetta oder Speck, gewürfelt
- 1 kleine rote Zwiebel, in Ringe geschnitten
- frisch gemahlener schwarzer Pfeffer
- 100 g Gorgonzola oder Roquefort, gewürfelt
- geröstete Pinienkerne, zum Garnieren

Den Backofen auf 200 °C vorheizen. Den Blätterteig auf ein Backblech legen und ringsum einen 1 cm breiten Rand einritzen. Die Brokkoliröschen 4–5 Minuten bissfest kochen oder dämpfen. Abtropfen lassen.

Den Pancetta mit den Zwiebeln in einer Pfanne unter Rühren goldbraun braten. Die Brokkoliröschen untermischen und alles mit Pfeffer würzen. Die Pancetta-Brokkoli-Mischung auf dem Teig verteilen, dabei den eingeritzten Rand frei lassen.

Die Käsewürfel auf der Füllung verteilen. Etwa 25–30 Minuten im Ofen backen, bis der Teig aufgegangen ist und eine goldgelbe Farbe angenommen hat. Mit Pinienkernen garnieren und servieren.

Gorgonzola Dolce

Mamas Tipp
Servieren Sie diese herzhafte Tarte mit einem frischen Tomatensalat.

Caprino in crosta

Ziegenkäse im Teigmantel

Für 4 Personen

- 7 g Trockenhefe
- 1 Prise Zucker
- 100 ml lauwarmes Wasser
- 200 g Mehl Type 550, plus etwas mehr zum Bestäuben
- ½ TL Salz
- 2 EL Olivenöl, plus etwas mehr zum Einfetten
- 1 EL frisch gehackter Oregano
- 300 g Ziegenfrischkäse (Rolle)
- 1 Ei, getrennt

Die Trockenhefe und den Zucker im Wasser auflösen. Das Mehl in eine Schüssel sieben und in die Mitte eine Vertiefung drücken. Salz, Olivenöl und das Hefewasser hineingießen und alles zu einem glatten Teig verkneten. Teig zu einer Kugel formen und abgedeckt an einem warmen Ort etwa 1 Stunde gehen lassen, bis er das doppelte Volumen erreicht hat.

Den Backofen auf 200 °C vorheizen und ein Backblech einfetten. Den Teig nochmals kräftig durchkneten, dabei den Oregano einarbeiten. Teig auf einer leicht bemehlten Arbeitsfläche ausrollen.

Den Ziegenkäse in 4 gleich große Scheiben schneiden. Aus dem Hefeteig 8 Kreise ausstechen, die etwas größer als die Käsescheiben sind. Auf 4 Teigkreise jeweils 1 Käsescheibe setzen, Teigränder mit Eiweiß bestreichen. Mit den restlichen Teigkreisen belegen, dabei die Teigränder fest andrücken. Die gefüllten Teigtaschen auf das Backblech setzen und mit dem verquirlten Eigelb bestreichen. Etwa 20 Minuten im Ofen backen und servieren.

Torta di pomodori e formaggio
Tomaten-Käse-Quiche

Für 4 Personen

125 g Mehl Type 550
125 g Mehl Type 405
1 gehäufter TL Backpulver
1 Prise Salz
120 g kalte Butter
1 Eigelb
4 EL kaltes Wasser
Öl, zum Einfetten

Füllung
8-9 Tomaten, gehäutet, entkernt
und in Viertel geschnitten
150 g geriebener Emmentaler
4 Eier, verquirlt
100 g Schlagsahne
2 EL frisch gehackter Oregano
oder Majoran
1 EL frisch gehackter
Schnittlauch
Salz und Pfeffer

Beide Mehlsorten, Backpulver und Salz in eine Schüssel sieben und vermischen. Die Butter würfeln, zu dem Mehl geben und mit den Fingern zu einem feinkrümeligen Teig verarbeiten. Eigelb und Wasser verquirlen und mit einem Holzlöffel unter den Teig rühren. Mit den Händen zu einem glatten Teig kneten und zu einer Kugel formen. In Frischhaltefolie einwickeln und 30 Minuten im Kühlschrank ruhen lassen.

Den Backofen auf 160 °C vorheizen. Ein Backblech mit etwas Öl einfetten. Den Teig sehr dünn ausrollen und das Blech damit auskleiden. Etwa 10 Minuten im Ofen backen. Herausnehmen und kurz abkühlen lassen.

Den Teig gleichmäßig mit den Tomaten belegen. Käse, Eier, Sahne, Oregano, Schnittlauch, Salz und Pfeffer in einer Schüssel verrühren und gleichmäßig über die Tomaten gießen. Etwa 20 Minuten im Ofen backen, bis die Eimischung gestockt ist. Noch warm servieren.

heben. Den Teig auf einer leicht bemehlten Arbeitsfläche dünn ausrollen. Aus dem Teig 2 Kreise in der Größe der Springform ausstechen. 1 Teigkreis auf den Boden der Springform legen und aus Teigresten einen hohen Rand formen. Die Gemüsefüllung auf dem Teig verteilen, die Oberfläche glatt streichen und mit dem zweiten Teigkreis bedecken.

Die Oberfläche mehrmals mit einer Gabel einstechen und die Teigränder fest zusammendrücken. Den Kuchen mit Teigresten verzieren und mit dem Eigelb bestreichen. Etwa 1 Stunde im Ofen goldgelb backen. Die Quiche lauwarm oder kalt servieren.

Stromboli
Gefüllte Teigrolle

Ergibt 1 Brot

650 g Mehl Type 550, plus etwas mehr zum Bestäuben
2½ TL Trockenhefe
2 TL Meersalzflocken
3 EL Olivenöl, plus etwas mehr zum Einfetten
350 ml lauwarmes Wasser

Füllung
80 g italienische Salami, in dünnen Scheiben
300 g Mozzarella, gewürfelt
1 Handvoll frische Basilikumblätter
2 rote Paprika, geröstet, gehäutet und in Streifen
frisch gemahlener schwarzer Pfeffer

Mehl, Hefe und 1½ Teelöffel Salz in einer Schüssel vermengen. Das Öl und gerade so viel Wasser einarbeiten, dass ein weicher Teig entsteht.

Den Teig auf einer bemehlten Arbeitsfläche 10 Minuten kneten. Abdecken und an einem warmen Ort 1 Stunde gehen lassen, bis er das doppelte Volumen erreicht hat.

Den Teig nochmals 2–3 Minuten durchkneten. Erneut abdecken und 10 Minuten gehen lassen. Dann den Teig zu einem etwa 1 cm dicken Rechteck (40 cm x 25 cm) ausrollen.

Den Backofen auf 220 °C vorheizen und ein Backblech einfetten. Den Teig mit Salami, Mozzarella, Basilikum und Paprika belegen. Mit Pfeffer würzen. Den Teig von einer Längsseite her fest aufrollen. Die seitlichen Enden nach unten einschlagen. Mit der Nahtseite nach unten auf das Blech legen und 10 Minuten ruhen lassen.

Die Rolle mit einem Spieß in gleichmäßigen Abständen einstechen. Mit Öl bestreichen und dem restlichen Salz bestreuen. 30–35 Minuten goldbraun backen. In Scheiben schneiden.

Crostata di limone

Zitronenkuchen

Für 6–8 Personen

200 g Mehl Type 405, plus etwas mehr zum Bestäuben
250 g Zucker
5 Eigelb
1 Prise Salz
abgeriebene Schale und Saft von 2 Zitronen
100 g kalte Butter, plus etwas mehr zum Einfetten
3 Eier
150 g Schlagsahne
2 EL Puderzucker

Mehl und 100 g Zucker mischen und in die Mitte eine Vertiefung drücken. 4 Eigelb, Salz, die Hälfte der Zitronenschalen und die Butter in Stückchen zufügen und alles zu einem geschmeidigen Teig verkneten. Zu einer Kugel formen, in Frischhaltefolie einwickeln und 1 Stunde im Kühlschrank ruhen lassen.

Den Backofen auf 180 °C vorheizen und eine Springform (25 cm Ø) einfetten. Den Teig auf einer leicht bemehlten Fläche 3 mm dick ausrollen und die Springform damit auslegen. Den Teigrand an der Form festdrücken und mehrmals mit einer Gabel einstechen. Mit Backpapier abdecken und mit Backbohnen beschweren. 15 Minuten im Ofen blindbacken. Herausnehmen, Hülsenfrüchte und Papier entfernen und den Teigboden in der Form abkühlen lassen.

Die Ofentemperatur auf 160 °C reduzieren. Restliches Eigelb, Eier, restlichen Zucker und verbleibende Zitronenschale schaumig rühren. Zitronensaft einrühren. Die Sahne steif schlagen und unterheben. Die Creme auf dem Tortenboden verteilen, Oberfläche glatt streichen. 20 Minuten backen. Herausnehmen, mit Puderzucker bestäuben und unter dem Backofengrill kurz überbacken.

Brioche al cioccolato e zafferano
Schokoladen-Safran-Brioches

Ergibt 12 Stück

1 Msp. Safranfäden
3 EL kochend heißes Wasser
50 g Butter, zerlassen
350 g Mehl Type 550
1 Prise Salz
1 EL Zucker
2½ TL Trockenhefe
2 Eier, verquirlt
30 g Zartbitterschokolade, in 12 Stücke zerteilt
Milch, zum Bestreichen

Den Safran mit dem Wasser überbrühen und so lange ziehen lassen, bis das Wasser abgekühlt ist. Eine 12er-Muffinform leicht mit Butter einfetten.

Mehl und Salz in eine Schüssel sieben. Zucker und Hefe untermischen. Safran samt Einweichwasser, Eier und restliche Butter zugeben und zu einem Teig verarbeiten.

Den Teig glatt kneten, abdecken und an einem warmen Ort 1–1½ Stunden gehen lassen, bis er das doppelte Volumen erreicht hat. Den Teig nochmals durchkneten. Drei Viertel des Teiges zu 12 Kugeln formen und in die Vertiefungen der Muffinform setzen. Je ein Schokoladenstück in die Mitte drücken.

Den restlichen Teig zu 12 kleinen Kugeln formen, mit Milch bestreichen und die bestrichenen Flächen auf die Schokoladenstücke drücken. Mit eingefetteter Frischhaltefolie abdecken und an einem warmen Ort weitere 1½ Stunden gehen lassen, bis die Brioches das doppelte Volumen erreicht haben.

Den Backofen auf 200 °C vorheizen. Die Brioches mit Milch bestreichen und 12–15 Minuten goldbraun backen. Aus der Form lösen und warm servieren.

Mamas Tipps für den Backerfolg

Eine Küche ohne frisch Gebackenes ist wie ein Haus ohne Gelächter. Sie dachten wohl, Ciabatta, Focaccia oder Olivenbrot wären schwer selbst zu machen, aber Mama hat Ihnen ja schon gezeigt, wie einfach es ist …

- Wie bereits gesagt – Backen ist eher eine Wissenschaft als eine Kunst. Folgen Sie den Rezepten bis aufs i-Tüpfelchen. Wenn das Rezept eine Springform mit 20 cm Ø vorsieht, dürfen Sie stattdessen nicht einfach eine kleinere oder größere nehmen!
- Vergessen Sie nicht, warum Sie backen. In der Küche ist kein Platz für Stress und Sorgen. Sie backen, weil Sie es möchten, weil der Duft und der Geschmack von frischem Ciabatta es wert sind. Am Anfang hat Mama auch nicht immer alles perfekt hinbekommen!

Mamas Tipp

Erliegen Sie nicht der Versuchung, die Backzeit auszudehnen. Nehmen Sie das Backwerk im Zweifel eher etwas zu früh als zu spät aus dem Ofen. Beim Abkühlen gart es noch nach.

Zerlassen Sie die Butter bei niedriger Temperatur, damit sie nicht anbrennt!

Schauen Sie niemals im Ofen nach. Wenn Sie das Backwerk hineingestellt haben, lassen Sie es dort ungestört. Wenn Sie die Tür öffnen, entweicht Hitze und der Garvorgang wird beeinflusst.

Mein Trick zum Abmessen klebriger Substanzen wie Honig oder geschmolzener Schokolade: Verwenden Sie den Messbecher, mit dem Sie auch Öl portionieren. Dadurch bleibt nichts am Rand haften.

Wenn der Teig so weit geknetet ist, dass er sich vom Schüsselrand ablöst und zu einer Kugel formen lässt, dürfen Sie kein Mehl mehr zugeben.

Biscotti ai mirtilli e pinoli

Heidelbeer-Pinienkern-Biscotti

Ergibt 18–20 Stück

Butter oder Öl, zum Einfetten
100 g heller Musccvado-Zucker
1 großes Ei
170 g Mehl Type 405
½ TL Backpulver
1 TL gemahlener Piment
80 g getrocknete Heidelbeeren
oder Cranberrys
50 g Pinienkerne, geröstet

Den Backofen auf 180 °C vorheizen. Ein Backblech einfetten. Zucker und Ei cremig rühren.

Mehl, Backpulver und Piment über die Eimasse sieben und unterheben. Heidelbeeren und Pinienkerne unterrühren und alles zu einem Teig verarbeiten.

Mit leicht bemehlten Händen den Teig zu einer 28 cm langen Rolle formen und diese etwas flach drücken.

Auf das Backblech heben und 20–25 Minuten im Ofen goldbraun backen.

Die Rolle 3–4 Minuten abkühlen lassen, dann in 1,5 cm dicke Scheiben schneiden. Diese erneut auf das Backblech legen.

Weitere 10 Minuten im Ofen backen, dann auf ein Kuchengitter heben und erkalten lassen. In einem luftdicht verschließbaren Behälter halten sich die Biscotti bis zu drei Wochen.

Biscotti con arancia ed amarena

Orangen-Sauerkirsch-Biscotti

Ergibt 20–30 Stück

- 150 g Mandeln, abgezogen
- 100 g getrocknete Sauerkirschen oder getrocknete Cranberrys
- 100 g Pinienkerne
- 140 g Mehl Type 405, plus etwas mehr zum Bestäuben
- 170 g Zucker
- 1 TL Backpulver
- ¼ TL gemahlene Muskatnuss
- ¼ TL Zimt
- abgeriebene Schale von 1 Orange
- 2 Eier
- 2 TL Vanillearoma

Den Backofen auf 180 °C vorheizen. 2 Backbleche mit Backpapier auslegen. Mandeln und Kirschen grob hacken. Mit den Pinienkernen in eine Schüssel geben. Mehl, Zucker, Backpulver, Muskat, Zimt und Orangenschale mit den Nüssen und Trockenfrüchten vermengen.

Eier und Vanillearoma verquirlen. Dann die Mehlmischung hineingeben und alles zu einem festen Teig vermengen. Den Teig auf eine leicht bemehlte Arbeitsfläche geben. 4–5 Minuten kneten, bis er sich nicht mehr klebrig anfühlt. Den Teig halbieren und jede Hälfte zu einer Rolle mit etwa 5 cm Durchmesser formen. Jede Rolle auf ein Backblech legen. 20–25 Minuten im Ofen goldbraun backen.

Herausnehmen und 5 Minuten abkühlen lassen. Die Ofentemperatur auf 160 °C reduzieren. Die Rollen auf ein Schneidebrett geben und mit einem Brotmesser in etwa 1 cm dicke Scheiben schneiden. Die Scheiben wieder auf den Backblechen auslegen und zurück in den Ofen geben. Etwa 15–20 Minuten backen, bis sie knusprig sind. Aus dem Ofen nehmen, abkühlen lassen und in einem luftdicht verschließbaren Behälter aufbewahren.

Torta di mandorle

Mandelkuchen

Ergibt 12–14 Stück

- Butter, zum Einfetten
- 3 Eier, getrennt
- 200 g Zucker
- 70 g Kartoffelmehl
- 120 g Mandeln, abgezogen und fein gehackt
- fein abgeriebene Schale von 1 Orange
- 125 ml Orangensaft
- 1 Prise Salz
- Puderzucker, zum Bestäuben

Den Backofen auf 160 °C vorheizen. Eine Springform (20 cm Ø) einfetten. Eigelb und Zucker in einer Schüssel cremig rühren. Mehl, Mandeln, Orangenschale und Orangensaft einrühren.

Das Eiweiß mit 1 Prise Salz in einer weiteren Schüssel steif schlagen. Vorsichtig unter die Eimischung heben.

Die Mischung in die Springform geben und 50–60 Minuten goldbraun backen. Die Oberfläche sollte sich beim Andrücken fest anfühlen. Auf einem Kuchengitter abkühlen lassen. Vor dem Servieren mit etwas Puderzucker bestäuben.

Fiorentini
Mini-Florentiner

Den Backofen auf 180 °C vorheizen und 2 Backbleche mit Backpapier auslegen.

Die Butter in einen Topf geben und bei geringer Hitze zerlassen. Den Zucker zufügen und rühren, bis er sich aufgelöst hat. Die Masse kurz aufkochen. Dann den Topf vom Herd nehmen. Sultaninen, Belegkirschen, Ingwer, Sonnenblumenkerne und Mandeln sorgfältig untermischen, dann die Crème double unterrühren.

Teelöffelgroße Portionen mit ausreichend Abstand auf die vorbereiteten Backbleche setzen. Etwa 10–12 Minuten im Ofen goldgelb backen.

Aus dem Ofen nehmen und noch heiß mithilfe eines Kreisausstechers in Form bringen. Auf dem Backblech abkühlen und fest werden lassen.

Die Schokolade im Wasserbad unter Rühren schmelzen. Drei Viertel der flüssigen Schokolade auf einen Bogen Backpapier gießen und verstreichen. Wenn die Schokolade gerade fest zu werden beginnt, die Florentiner mit der glatten Seite nach unten hineindrücken. Vollständig fest werden lassen.

Die Florentiner ausstechen und vom Backpapier lösen. Die Unterseite mit der restlichen Schokolade bestreichen und mit einer Gabel ein Wellenmuster hineinziehen. Fest werden lassen.

Die Florentiner auf einem Servierteller abwechselnd mit der Schokoladen- oder Nussseite nach oben arrangieren.

Ergibt 40 Stück

70 g Butter
60 g Zucker
2 EL Sultaninen oder Rosinen
2 EL Belegkirschen, gehackt
2 EL Ingwerpflaumen in Sirup, abgetropft und fein gehackt
20 g Sonnenblumenkerne
100 g Mandelblättchen
2 EL Crème double
170 g Zartbitterschokolade, in Stücken

Danksagung

Der Verlag dankt folgenden Stellen für die Abdruckgenehmigung:

© Corbis:

8 (unten, links) Mädchen im Kleid

9 (unten, rechts) Italienisches Delikatessengeschäft

12 (Mitte, rechts) Illustration: Kind in einem Paradiesvogelkostüm

27 (unten, rechts) Illustration: Hahn

58 (Mitte, links) Mädchen mit Geburtstagskuchen

92 (Mitte, oben) Mädchen unter dem Rock der Mutter versteckt

134 (unten, rechts) Illustration: Kind im Sperlingskostüm

134 (Mitte, links) Zwei Kinder am Strand

142 (Mitte, links) Vater und Sohn beim Picknick mit Wassermelone

169 (Mitte, rechts) Erwachsene mit Kindern auf den Schultern

176 (oben, links) Plätzchenbacken

177 (unten, rechts) Postkarte mit Bernhardiner

180 (oben, links) Aufgeschnittene rote Zwiebel

180 (unten, links) Schalotten

190 (unten, links) Illustration: Paar im Kanu

© Getty:

11 (unten, Mitte) Basilikumblätter vor weißem Hintergrund

Vorderer Umschlag, Getrocknete Pasta, Nahaufnahme

Vorderer Umschlag, 92 verschiedene Pastaformen

127 (Mitte, links) Mädchen (4–5) beim Frühstück (s/w)

143 (unten, links) Familie beim Picknick

© Sabine Vonderstein:

10 (unten, links) Genua-Buch

26 (links), 102 (links) gestreiftes Band

36 (links), 43 (rechts), 96 (links) grün gepunktetes Band

52 (oben, links), 58 (oben, rechts) Postkarte mit Mädchen

86–87, 128–129 (links, rechts), rosa gepunktetes Band

100–101 10 Nummern

135 (oben, rechts) Brosche

© istockphoto.com:

Alle sonstigen Abbildungen

© Parragon Books Ltd:

Alle Rezeptabbildungen

Salsamenteria
RUGGERI
Latticini
Specialita Estere
Burro e formaggi

Register

Aprikoseneis 50
Artischocken
Artischocken mit Meeresfrüchten 80
Thunfisch mit Bohnen & Artischocken 42–43
Vier-Jahreszeiten-Pizza 95
Auberginen
Auberginenscheiben auf ländliche Art 60
Mariniertes Gemüse 138

Birne in Marsala-Sauce 88
Borlotti-Bohnen
Herzhafte Gemüse-Pasta-Suppe 14
Toskanische Bohnensuppe 18
Brokkoli-Pancetta-Tarte 194–195
Brot
Brot-Tomaten-Suppe 16
Brot mit Mozzarella & Tomaten 156
Bruschetta mit Mozzarella 154
Bruschetta mit Waldpilzen 32
Ciabatta 182–183
Crostini 162-163
Foccacia mit Zwiebeln 180
Focaccia mit Zwiebeln & Rosmarin 188–189
Garnelen-Sandwiches 147
Gefüllte Teigrolle 202
Mozzarella-Ecken 104
Olivenbrot 178
Panettone-Auflauf 130
Pesto-Oliven-Brot 190
Schinken-Rucola-Sandwiches 146
Thunfisch-Sandwiches 147
Toskanisches Weißbrot 186–187

Ciabatta 162–163, 182–183
Heidelbeer-Pinienkern-Biscotti 210

Crostini
Belegte Crostini mit Olivenpaste 162
Crostini mit Geflügelleber-creme 162
Crostini mit Kräutern & Tomaten 162
Crostini mit Tomaten 163

Eier
Garnelen-Sandwiches 147
Gefüllte Tomaten 144
Mozzarella-Ecken 104
Omelett mit Petersilie 96
Panettone-Auflauf 130
Schokoladenkuchen 172
Spaghetti Carbonara 118
Spinat-Mozzarella-Omelett 98
Spinat-Quiche 200–201
Thunfisch-Sandwiches 147
Tiramisu 132
Tomaten-Käse-Quiche 198
Zabaione 128
Zitronenkuchen 204
Ente mit Gemüse 76
Erbsen
Herzhafte Gemüse-Pasta-Suppe 14
Reis mit Erbsen 166–167

Feigen
Feigen mit Gorgonzola 150
Gemischte Fleisch-Antipasti 30
Obstsalat 49
Schinken-Salami-Salat mit Feigen 28
Fenchel
Kartoffel-Fenchel-Auflauf 106–107
Meeresfrüchteeintopf 124–125
Fisch & Meeresfrüchte
Artischocken mit Meeresfrüchten 80
Gebackene Jakobsmuscheln 44
Marinierte Venusmuscheln 78
Meeresfrüchteeintopf 124
Meeresfrüchte im Teigmantel 122
siehe auch Sardellen, Garnelen, Thunfisch, Tintenfisch
Florentiner: Mini-Florentiner 216–217

Garnelen
Garnelen-Sandwiches 147
Gebratene Riesengarnelen 82
Meeresfrüchteeintopf 124–125
Meeresfrüchte im Teigmantel 122
Meeresfrüchteomelett 36
Gnocchi auf römische Art 114

Hühnchen
Crostini mit Geflügelleber-creme 162
Gefüllte Hähnchenbrust-filets 74
Hähnchen nach Jägerart 72
Hühnchensalat 26–27
Knusprige Hühnchenstücke 40

Käse
Artischocken mit Meeresfrüchten 80
Bohnen-Pecorino-Salat 152
Brokkoli-Pancetta-Tarte 194–195
Brot mit Mozzarella & Tomaten 156
Bruschetta mit Mozzarella 154
Crostini mit Tomaten 163
Farfalle mit Tomaten-Basilikum-Pesto 110
Feigen mit Gorgonzola 150
Gefüllte Hähnchenbrust-filets 74
Gefüllte Teigrolle 202
Gnocchi auf römische Art 114
Kürbisravioli 108
Maisbrot mit Parmesan 192
Meeresfrüchteomelett 36
Mozzarella-Ecken 104
Pizza auf Seemannsart 94
Pizza Margherita 95
Polenta mit Fontina-Käse 62
Ravioli mit Schafskäse 109
Rinderrouladen mit Pecorino 66
Rindfleischlasagne mit Ricotta 120–121
Spaghetti Carbonara 118
Spargel in Blätterteig 148
Spinat-Cannelloni 112
Spinat-Mozzarella-Omelett 98
Spinat-Ricotta-Plätzchen 102
Spinat-Quiche 200–201
Teigtaschen mit Käsefüllung 158
Tiramisu 132
Tomaten-Käse-Quiche 198
Vier-Jahreszeiten-Pizza 95
Weißes Tiramisu mit Erdbeeren 86
Ziegenkäse im Teigmantel 196
Kalbsfleisch: Ossobuco nach Mailänder Art 64
Kartoffel-Fenchel-Auflauf 106–107
Kürbisravioli 108

Maisbrot mit Parmesan 192
Mandeln
Feigen mit Gorgonzola 150
Mandelgebäck 170–171
Mandelkuchen 214
Orangen-Sauerkirsch-Biscotti 212
Toskanischer Weihnachts-kuchen 90
Weißes Tiramisu mit Erdbeeren 86
Minestrone: Herzhafte Gemüse-Pasta-Suppe 14

Oliven
Crostini mit Olivenpaste 162
Gemischte Fleisch-Antipasti 30
Gemischter Bohnensalat 22
Mozzarella-Ecken 104
Oliven in Zitrusmarinade 140
Olivenbrot 178
Pesto-Oliven-Brot 190
Pizza auf Seemannsart 94
Rinderrouladen mit Pecorino 66
Thunfisch mit Bohnen & Artischocken 42–43
Vier-Jahreszeiten-Pizza 95
Orangen
Frittierte Mürbeteig-schleifen 174
Mandelkuchen 214
Obstsalat 49
Oliven in Zitrusmarinade 140
Orangen-Sauerkirsch-Biscotti 212
Toskanischer Weihnachts-kuchen 90

Panettone-Auflauf 130
Panna Cotta 48
Paprika
Gefüllte Teigrolle 202
Herzhafte Gemüse-Pasta-Suppe 14
Spinat-Mozzarella-Omelett 98
Pasta
Farfalle mit Tomaten-Basilikum-Pesto 110
Herzhafte Gemüse-Pasta-Suppe 14
Kürbisravioli 108
Ravioli mit Schafskäse 109
Rindfleischlasagne mit Ricotta 120–121
Spaghetti Carbonara 118
Spaghetti mit Hackbällchen 38
Spinat-Cannelloni 112
Toskanische Bohnensuppe 18
Pesto-Oliven-Brot 190
Pilze
Bolognese-Sauce 116
Bruschetta mit Waldpilzen 32
Gefüllte Champignons mit Pancetta & Spinat 34–35
Marinierte Pilze 136
Mariniertes Gemüse 138
Meeresfrüchteomelett 36
Steinpilz-Risotto 57
Vier-Jahreszeiten-Pizza 95
Pizza
Grundrezept Pizzateig 94
Pizza auf Seemannsart 94
Pizza Margherita 95
Vier-Jahreszeiten-Pizza 95
Polenta mit Fontina-Käse 62

Rindfleisch
Bolognese-Sauce 116
Rindfleischlasagne mit Ricotta 120–121
Rinderrouladen mit Pecorino 66
Rinderschmortopf 68–69
Spaghetti mit Hackbällchen 38
Risotto
Reis mit Erbsen 166–167
Risotto mit Spargel 54
Schwarzer Risotto mit Tintenfisch 56
Steinpilz-Risotto 57
Rucola
Bohnen-Pecorino-Salat 152
Rucola mit Schinken 164
Schinken-Rucola-Sandwiches 146
Schinken-Salami-Salat mit Feigen 28

Salami
Gefüllte Teigrolle 202
Gemischte Fleisch-Antipasti 30
Schinken-Salami-Salat mit Feigen 28
Teigtaschen mit Käse-füllung 158
Schinken & Prosciutto
Gefüllte Hähnchenbrust-filets 74
Gemischte Fleisch-Antipasti 30
Herzhafte Gemüse-Pasta-Suppe 14
Rinderrouladen mit Pecorino 66
Rucola mit Schinken 164
Schinken-Rucola-Sandwiches 146
Schinken-Salami-Salat mit Feigen 28
Spargel in Blätterteig 148
Steinpilz-Risotto 57
Teigtaschen mit Käse-füllung 158
Vier-Jahreszeiten-Pizza 95
Schokolade
Mini-Florentiner 216–217
Schokoladenkuchen 172
Schokoladen-Safran-Brioches 206
Tiramisu 132
Weißes Tiramisu mit Erdbeeren 86
Schweinegulasch 70
Spargel in Blätterteig 148
Spinat
Gefüllte Champignons mit Pancetta & Spinat 34–35
Spinat-Mozzarella-Omelett 98
Spinat-Quiche 200–201
Spinat-Ricotta-Plätzchen 102

Thunfisch
Gefüllte Tomaten 144
Meeresfrüchteomelett 36
Thunfisch mit Bohnen & Artischocken 42–43
Tintenfisch
Meeresfrüchteeintopf 124–125
Meeresfrüchte im Teigmantel 122
Schwarzer Risotto mit Tintenfisch 56
Tomaten
Auberginenscheiben auf ländliche Art 60
Bolognese-Sauce 116
Brot-Tomaten-Suppe 16
Brot mit Mozzarella & Tomaten 156
Bruschetta mit Mozzarella 154
Crostini mit Kräutern & Tomaten 162
Crostini mit Tomaten 163
Farfalle mit Tomaten-Basilikum-Pesto 110
Gefüllte Tomaten 144
Hähnchen nach Jägerart 72
Meeresfrüchteeintopf 124–125
Ossobuco nach Mailänder Art 64
Pizza auf Seemannsart 94
Pizza Margherita 95
Schweinegulasch 70
Spaghetti mit Hackbällchen 38
Thunfisch mit Bohnen & Artischocken 42–43
Tomaten-Gurken-Salat mit Brot 24
Tomatenkuchen 160–161
Tomaten-Käse-Quiche 198
Vier-Jahreszeiten-Pizza 95

Zabaione 128
Zitronen
Artischocken mit Meeresfrüchten 80
Oliven in Zitrusmarinade 140
Zitronenkuchen 204